KB169383

교육회복과 적극적 시민교육

교육회복과 적극적 시민교육

코로나 이후 교육의 미래를 위하여

초판 1쇄 인쇄 2022년 6월 17일
초판 1쇄 발행 2022년 6월 30일

지은이 강순원
펴낸이 김승희
펴낸곳 도서출판 살림터

기획 정광일
편집 송승호·조현주
디자인 유나의숲

인쇄·제본 (주)신화프린팅
종이 (주)명동지류

주소 서울시 양천구 목동동로 293, 2215-1호
전화 02-3141-6553
팩스 02-3141-6555

출판등록 2008년 3월 18일 제313-1990-12호
이메일 gwang80@hanmail.net
블로그 http://blog.naver.com/dkffk1020

ISBN 979-11-5930-227-5 03370

교육회복과
적극적
시민교육

코로나 이후 교육의 미래를 위하여

강순원 지음

살림터

서문

코로나로 학교 문이 닫히면서 학교의 존재이유에 대한 근본적인 질문을 하게 된다. 미래의 교육을 이야기하면서 많은 논의가 학교의 존속 여부였다. 학교가 없어질 거라고 전망한 일부 미래학자들은 미래에 필요한 지식은 현재와 같은 지식전달 위주의 학교교육으로는 불충분하다고 강변한다. 실제로 가르침을 중심으로 본 학교교육은 얼마든지 다른 방식으로 전환할 수 있다. 그런데 코로나로 학교 문이 닫힌 동안 아이들은 왜 그리 힘들어했을까? 학교교육이 그러한 가르침 위주의 교육공간만이 아니었음을 입증하는 것이다.

교육회복이란 학교교육을 비롯한 다양한 교육적 기능을 하는 기관들의 본래 의미를 되찾아 원상을 회복하는 것이다. 교육은 학교에서만 하는 것이 아니다. 가정에서도 하고, 지역사회에서도 하고, 국가도 하고, 미디어도 하고, 때론 지구촌 전체가 아이들을 교육하는 각각의 장이다. 학교교육 중심의 교육회복을 말하면서도 그러한 관계교육기관들의 회복이 함께 이루어지지 않으면 온전한 교육회복이 어렵다는 것은 이미 입증되고 있다. 이것이 교육회복의 에코시스템이다.

그중에도 학교가 교육회복의 중심에 있어야 하는 이유는 공동체의 순화된 장소인 학교에서 아이들이 일반 사회생활에 필요한 지식, 가치, 태도, 관계 등을 체득하며 자신을 풀어낼 수 있기 때문이다. 학교는 일반 사회의 축소판이다. 권위주의 사회에서 학교는 권위주의 문화의 축소판이 되고, 민주적인 사회에서 학교는 민주주의를 꽃피운다. 그래서 민주주의를 안착시키려 한다면 학교와 더불어 사회를 변화시켜야 하는 것이다. 학교에서 아이들이 꿈을 키우고 자신을 성장시키기도 하지만 때론 좌절하고 갈등하고 분노하며 이탈하기도 한다. 아이들은 학교에서 배운 보편적 지식을 기준으로 생각하면서 사회적 모순을 느끼며 대안을 모색하는 변혁적 자세훈련을 하기도 한다. 교사가 이러한 변화를 주도하지만, 때론 아이들 스스로 그러한 변화를 일궈 내기도 한다. 이렇게 학교는 역동적인 공간이다.

모순과 혼란의 역동적 학교 공간이 닫히자 학생들은 일상에서 부딪히는 온갖 상념을 풀어낼 장소와 상호작용 관계를 잃어버렸다. 이들이 코로나 트라우마를 다양한 차원에서

앓게 되는 코로나19 세대이다. 이것은 교육 약자들만 겪는 것이 아니다. 모든 아이들이 해방공간 학교 문이 닫혀 사회·정서적 고통을 당하고 자존감이 낮아졌다고 대부분의 국가가 보고한다. 코로나 상흔이 그동안 학교교육의 문제로 드러난 양극화를 더욱 벌려 놓았다고 한다. 어쩌면 코로나 기간이 우리 교육의 문제를 적나라하게 드러내 주었기 때문에 교육회복의 방향이 분명해졌다고도 볼 수 있다.

재난으로 집이 부서지면 원래 집으로 똑같이 복구하기보다는 이전에 불편했던 부분을 보완해서 좀 더 살기 좋은 공간으로 만들려는 경향이 있듯이, 교육회복도 코로나 이전의 교육문제를 보완하여 아이들의 미래를 위해 원상의 교육에 가깝게 복구하는 방향으로 가야 한다. 이에 대한 사회적 계약이 요구된다. 이것은 교육적 결단만이 아닌 정치적·사회적·경제적·공동체적 합의에 기초한다. 이것을 해낼 수 있는 시민역량에 교육의 미래가 좌우될 것이다.

2021년 9월 교육부로부터 교육회복지원위원회 참여를 요청받고 관련 자료를 찾으며 공부하면서 나름대로 방향을 잡아본 것이 소책자로 나오게 되었다. 유네스코와 OECD 등 국제기구가 제시한 방향을 기초로 교육회복 방향을 그려본 것이다. 코로나19가 얼마나 더 지속될지는 모르지만 교육회복은 현재도 진행형이다. 2년 넘게 전 지구를 괴롭힌 코로나19로부터 회복하는 데는 그보다 더한 시간이 소요될 것이다. 교육회복은 정부가 이끄는 대로 가는 것도 아니고, 교사나 학부모들이 요구한 대로 방향이 잡히는 것도 아니다. 사람들이 떼쓴다고 마스크를 벗게 할 수 있는 것도 아니다. 전 사회적으로 동의하는 시민적 행동이 따라야 하고 이를 위한 적극적 시민교육이 필요하다.

2022년 5월

강순원

목차

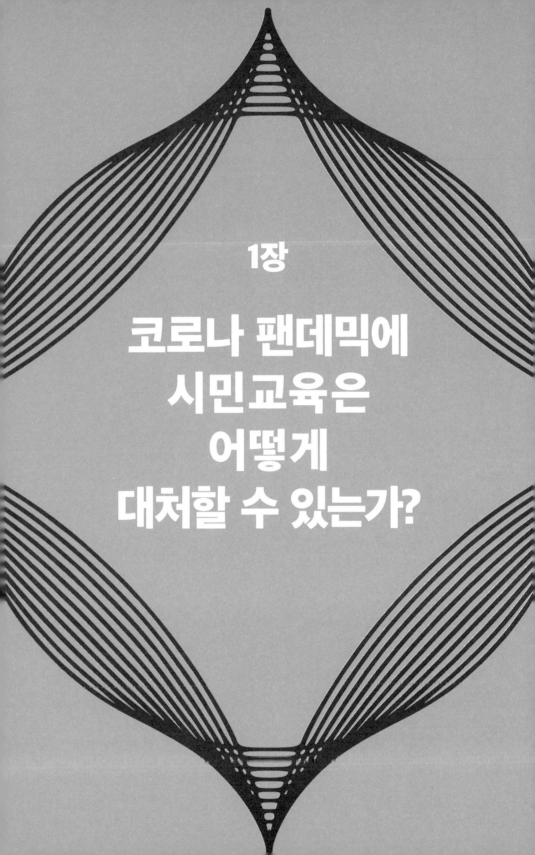

1장

코로나 팬데믹에 시민교육은 어떻게 대처할 수 있는가?

코로나 팬데믹 상황에서 쪼그라진 나를 위해서는 두려움과 공포 속에서도 평정을 유지할 수 있는 마음근력을 키워야 한다. 오뚝이처럼 다시 설 수 있는 마음의 탄력성, 즉 회복탄력성이 어느 때보다도 요구된다. 교육을 통해 마음근력을 키워주어 코로나로 지친 일상에도 쪼그라지지 않게 하는 것, 이를 위해 교육의 지속가능한 구조적 틀을 공정하게 세우는 것, 이것이 지구 재난인 코로나에 대처하는 교육회복의 방향이어야 한다.

지구온난화가 미치는 환경재앙을 예고한 영화 〈투모로우〉(Tomorrow, 2004)나 오늘의 코로나 팬데믹을 연상시키는 영화 〈컨테이젼〉(Contagion, 2011)에서 이미 지구 재난의 심각성을 경고했듯이, 기후위기나 감염병 팬데믹은 전혀 예상치 못한 인류의 재앙이 아니다. 21세기 들어 끊임없이 경제양극화위기, 기후위기와 각종 감염병 팬데믹이 경고되었고, 지속가능한 지구공동체를 위해 전 지구적 차원에서 대비해야 한다는 경고성 연구보고서들이 있었다. 하지만 나만 아니면 된다는 개인주의, 자연질서를 외면한 인간 중심적 비지성주의와 신자유주의적 경쟁시장 논리 등에 압도된 채 이를 외면한 우리는 지구재앙 상황에 우왕좌왕할 뿐이다.

2019년 12월부터 시작된 지역 감염병이 2020년 3월 12일 WHO에 의해 COVID-19 팬데믹으로 선언되었다. 지금도 전장(戰場)이 아닌 일상에서 벌어지는 가련한 죽음을 수없이 목도하면서 '감염병으로부터 살아남기'는 지구촌 모든 시민에게, 부자국가든 가난한 국가든 부과되는 생존 차원의 시대정신이 되었다. 누구도 인간에게 해악한 바이러스로부터 자유롭지 못하다. 코로나 팬데믹을 막기 위한 백신 접종에 대해 일부는 공동체의 안위를 위해 수용하는 것이 시민적 책무라고 하는가 하면, 불안전한 백신 접종을 강요하는 것은 그것을 거부할 개인의 자유를 억압하는 것이라는 주장이 맞서고 있다. 문제는, 잘사는 나라를 중심으로 백신 부과로부터 개인의 자유를 외치는 일부 시민들의 저항이 한편에 존재하는 상황에서 공동체의 안위를 위해 모두에게 백신 투여를 강조하지만, 여전히 전 지구가 코로나로부터 안전하지 않다는 점이다. 코로나 변이가 계속 생겨나면서 코로나 팬데믹은 2년을 넘겼으나 아직도 언제 끝날지, 우리의 미래는 어떻게 될지 여전히 모든 게 불분명하다. 무엇보다 선진국의 백신민족주의로 부자국가는 백신이 차고 넘치지만 나라가 가난해서 백신을 못 구해 자신을 지키기에 취약한 사람들의 보건안보 비상은 결국 돌고 돌아 오늘도 전 세계의 인간안보를 위협하고 있다. 분명 끝은 있겠지만 그때가 언제일지 모르는 불확실한 위기상황에 모두가 지친 채 두려움과 공포에 떨고 있다.

코로나 펜데믹이 선언되자 전 세계의 학교가 문을 닫았다. 안전지대를 보장할 수 없다는 초기 판단에서 아이들을 안전하게 지킨다는 명분으로 일단 학교 빗장을 걸었다. 학교는 언제고 누구에게나 열려 있어야 하지만 아이들이 집단적으로 모여 있는 것이 위험했다. 지역마다 있는 학교는 본래 아이들이 모여 공부하면서 눈을 맞추며 놀고 쉬면서 관계를 쌓아가는 순화된 장소다. 점차 코로나의 특성이 알려지고 학교가 상대적으로 안전한 곳이며 아이들의 사회 정서적 발달을 위해 학교는 열려 있어야 한다는 믿음이 확산되면서 학교는 문을 열기 시작했다. 닫힌 상태에서 불안했던 아이들이 겪었어야 할 지적, 사회적, 심리적, 신체적 발달의 난맥상을 원상태로 빨리 회복시켜 아이들이 마음 근력을 다부지게 유지할 수 있게 하는 전 사회적 노력이 급하다. 학습결손 회복뿐만 아니라 사회정서학습을 통한 관계회복을 하게 하여 지속가능한 미래를 위해 오늘의 자신을 준비시키게 해야 한다. 이것이 교육의 미래를 향한 교육회복이다. 여기서 교육회복의 사회적 합의 도출을 위한 적극적 시민교육이 요청된다.

오늘도 '보이지 않는 적' 코로나 바이러스가 너와 나를 쉽게 뚫고 들어가 모두를 두려움과 공포에 떨게 하면서 이성의 빛을 흐리게 하고 있다. 교육의 본래 목적은 불확실한 두려움과 공포에 맞서 이성의 힘을 키우는 것이다. 코로나 상황에 대해 냉철한 사고로 중심을 잡고, 지역에서 어려워진 이웃을 배려하고 돌보며, 두려움에 떨지 않고 마음의 근력을 굳건히 하여 자기관리를 할 수 있도록 모두를 위한 공평한 교육회복이 요구된다. 학교에서만이 아니라 지역사회 구성원 모두의 회복탄력성을 높이도록 공동체 시민교육을 활성화하는 것이 코로나 시민의 상생 방안이다.

시민교육의
기본 원리

시민교육이란 시민으로서 살아가는 데 요구되는 지식이나 태도, 가치, 정신 그리고 지향성 등을 교육하는 것으로, 우리 사회의 정치적, 경제적, 사회문화적 민주화와 병행하여 학교나 지역사회에서 공히 주목받는 평생학습 주제다. 민주시민교육, 세계시민교육, 통일시민교육, 평화시민교육, 디지털 시민교육, 심지어 코로나 시민교육 등의 다양한 명칭으로 우리 사회에서 활발하게 펼쳐지고 있다. 지역에서는 특히 '시민이 직접 만드는 정책'이 강조되면서 지자체별로, 마을 단위별로 시민을 대상으로, 시민이 직접 참여하고 기획하는 지역사회 시민교육이 아주 활발하다. 이러한 변화는 학교교육에도 영향을 미쳐 '학생도 시민이다'라는 슬로건 하에 특히 민주시민교육과 세계시민교육이 중요하게 부각되고 있다.

오늘날 모두를 불안에 떨게 하는 코로나 팬데믹 환경에

서 함께 사는 공동체의 안전과 발전에 책임 있게 기여하며 개인의 기본적 자유와 권리가 보장되는 사회를 유지하기 위한 시민교육은 사회적 일상회복과 관련하여 상당히 강조되어야 한다. 한국사회의 역사적 이행과정을 성찰하면서 우리 사회의 변화가 가져온 '시민의 적극적 참여와 기획에 의한 사회 건설'을 위해서는, 무엇보다 시민교육의 방향이 이전의 수동적 국민교육에서 적극적 시민교육으로 질적으로 전환되어야 한다. 이러한 참획(參劃) 사회 실현을 위한 시민교육은 다음 몇 가지 기본 원리를 전제해야 할 것이다.

첫째, 우리가 시민으로서 구현하고자 하는 공동체의 방향은 안전하고 평화적이어야 한다는 의미에서 평화기반의 시민교육이 코로나 상황에서 요구된다. 시민이 참여해서 기획하는 공동체 교육은, 전쟁이 아닌, 폭력이 아닌, 나만 살자는 것이 아닌 공동체의 안위와 평화를 교육하는 것이어야 한다. 그림 1의 2021년 '세계평화지수(Global Peace Index)' 지도를 보면, 대체로 예전의 동구권은 매우 낮고, 북미나 유럽권은 상대적으로 높다. 2021년뿐만 아니라 거의 매해 상위 10개국 중 9개국이 유럽이고 하나가 캐나다이다. 분단된 한반도의 남쪽은 평화지수가 높고 북쪽은 평화지수가 낮다. 많은 사람이 인용하는 '세계평화지수'가 전쟁가능성을 보여주는 군사비나 국내분쟁 요소뿐만 아니라 정치적·경제적·사회적 안전도 포함하기 때문에 자본주의적 선진국에 비해 사회주의적 요소가 있는 국가나 개발도상국들은 평화지수가 낮을 수밖에 없다.

그림 1 세계평화지수 2021

　　하지만 살고 있는 국가의 평화지수가 높든 낮든 전쟁(폭력)이 아닌 평화적 방법으로 사회건설을 이루려는 것은 어느 국가 어느 누구나 원하는 방향일 것이다. 문제는 동북아시아다. 세계 최강국인 미국과 중국의 평화지수는 중간이다. 2021년 기준으로 미국이 122위이고 중국은 100위다. 전 UN사무총장 코피 아난은 미국이 세계평화를 가장 위협한다고 비판했다. 냉전 이후 미·중 간의 대립은 늘 우리가 살고 있는 동북아시아 평화를 위협한다. 2020년 내내 코로나 팬데믹 원인을 둘러싸고 미국의 의도적 대중국 공격은 반중정서를 정치화했고, 그 결과 미국 내 폭력적인 아시안 혐오주의는 오늘날까지도 이어진다. 이에 대한 중국의 대미국 반격도 **폭력**적이다. 더구나 경제적으로나 군사적으로 충돌 가능성이 있는 체제대립적인 두 국가의 행보가 미칠 동북아시아 상황은 가히 전쟁 촉발 직전으로 비친다.

따라서 어떻게 우리의 평화가 위협받지 않고 시민들이 안전하게 살아갈 수 있을 것인가, 코로나 팬데믹을 협력적으로 어떻게 잘 극복할 수 있을 것인가, 정치화된 인종 혐오주의가 내재적 폭력으로 이어지지 않도록 할 것인가 그리고 이런 정치적, 군사적, 경제적, 사회문화적 혼란의 와중에서 시민들은 어떻게 자기역할을 적극적으로 해야 하는가 하는 점을 비판적으로 인식하며 행동하는 시민교육에서 비폭력·평화 관점은 아주 중요하다. 특히 동북아는 핵전쟁 위험이 상존하나 해당 국가들은 모두 공격용이 아니라 방어용 미사일이라고 한다. 그렇지만 이것을 언제 누구를 대상으로 실험할지는 예고하지 않는다. 인간의 비지성적 대응에 합작하는 정치적 음모론에서 우리 모두가 헤어나지 못할 불행에 빠질 우려도 배제할 수 없다. 우리를 불안하게 하는 코로나 허무주의가 극단적인 파멸의 길로 나아가게 해서는 안 된다. 무슨 일이 있어도 전쟁은 정당화되지 않는다. 코로나가 폭력을 용인하게 해서는 안 된다. 한반도를 살아가는 우리의 시민교육에서 전쟁(폭력) 없는 평화를 교육해야 함은 아이들의 지속가능한 미래를 위해 가장 중요한 교육원칙이다.

둘째, 시민교육에서 추구하는 사회는 모두의 행복과 개인의 안녕이 보장되는 인간안보를 기반으로 발전하는 포용적이고 공평한 공동체다. 오늘날 국가 대 국가 간의 전쟁이 일어나 평화를 위협하는 상황 못지않게 전쟁 이외의 변수인 소위 인간안보적 조건이 위협받아 시민들의 일상이 평화롭지 못하다. 사람들을 극도의 불안과 두려움에 노출시키는 코로나 상황이 그것이다. 인간안보란 사회정의 기반의 지속가능 공동체를 위한 최적의 조건으로, 전통적 군사안보를 넘어서는 평화친화적 개념이다. 인간안보에는 개인의 기본적 자유와 권리를 위해(危害)하는 정치적 억압요소가 있어서도 안 되며, 보건, 식량, 환경, 경제, 정치 등에서의 불평등도 있어서는 안 된다. 특히 코로나 팬데믹이나 기후위기와 경제양극화는 세계 어디에서나 시민적 삶을 고통스럽게 만드는, 풀기 어려운 족쇄다. 그동안 지구상의 모든 이들을 괴롭혀 온 코로나19 팬데믹이 이제는 자연 소멸될 것으로 기대하기는 하나, 전 세계 최첨단 과학·의료 기술로도 코로나가 정말 끝난 것인지에 대한 불확실성을 여전히 불식시켜주지 못하고 있다.

코로나는 가장 잘 사는 국가에서부터 아주 어려운 국가에 이르기까지 모든 사람의 생명을 위협하며 공포와 두려움에 떨게 만든다. 코로나 상황에서 사회안전망을 위협하는 경제양극화는 더 벌어졌고 시민 다수를 변방으로 내몰고 있다. 금융 자본가는 가난한 시민들의 고충을 담보로 더욱 더 부를 늘려가며 중산층의 지대마저 허물고 있다. 그 결과 일상의 평온이 깨지고 오랜 격리에서 오는 고립감이 모두를 폭발 직전까지 내몰고 있다. 이렇게 한 시민으로서 사회에 기여한 만큼 정당하게 대우받으며 살고 싶은 소박한 꿈이 실현 불가능해진 사회에서 경제정의와 사회정의와 교육정의는 실종된다. 전 세계적인 금융위기에서 울분을 터뜨리며 20:80의 불평등사회라고 비판하던 때가 엊그제인데 그 편차가 더 늘어나 오늘은 1:99의 사회라고 한다. 2020년 '세계자산분배(Global Wealth Distribution)'(그림 2)에 따르면, 1% 미만인 소수의 부자들이 전 세계 부의 46% 이상을 소유하고 55%의 가난한 사람들이 1%의 부를 소유하고 있음을 보여주는데, 이런 부의 양극화 상황에서 사람들은 희망을 잃고 좌절한다.

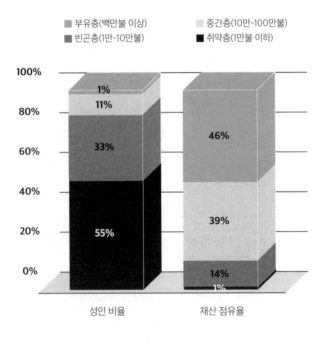

그림 2 2020년 세계자산분배

　　그럼에도 우리에게 대안이 있다며 소수에 집중되어 있는 부를 나누도록 압력을 넣자고, 투쟁하자고, 희망연대하자고 시민교육을 통해 사회변혁운동을 전개한다. 풍요의 사회가 이뤄놓은 결실을 독점하여 다수가 나락에 빠질 수밖에 없는 불공정 상황에 울분을 토하면서도, 억울하다, 속상하다, 화가 난다고 서로를 감싸면서 처지를 공감하며 나눔과 정의를 실천하자고 호소하고 있다. 글로벌 차원뿐만 아니라 국내 상황에서 이러한 불평등 체제를 타파하고 공정하고 평등한 사회로 나아가기 위해 시민들이 어떻게 연대하고 행동해야 할 것인가는 중요한 주제다. 약육강식의 경제 환경에서 다들 강자가 되려고만 하는 것이 아니라 뒤처질 수밖에 없는 사회적 약자들이 인간답게 살 권리를 지키는 것이 모두를 위한 정의임을 인식하는 시민교육이 절실하다. 따라서 식량안보, 보건안보, 환경안보, 공동체 안보, 경제안보, 정치적 안보 및 개인안보를 포괄하는 인간안보 기반의 사회공동체 윤리는 모두를 안전하게 지키기 위한 중요한 시민교육 원칙이다.

　　셋째, 1990년 이후 탈냉전 글로벌 환경이 낳은 인종, 젠더, 종교 기반의 혐오가 낳은 폭력적 극단주의에 저항하는 시민행동은 시민교육의 제3원칙이다. 일반적으로 전쟁은 국가 대 국가의 폭력적 대치로, 선전포고를 하고 전쟁이 일어난다. 모든 전쟁에는 나름의 이유가 있다. 인류를 파멸로까지 몰고 가기도 하는 전쟁을 끝내기 위해서는, 관련 국가들이 협상 테이블에 앉아 승전국과 패전국을 가름하는 국제기준을 만들어야 하며 그 결과에 따라 휴전이든 종전이든 향후 방안이 결정된다. 그러나 지금은 이러한 고전적 전쟁 프로세스가 거의 없고 언제, 어디서, 누구를 대상으로 일어날지 모르는 테러리즘이 확산되어 모두를 불안에 떨게 하고 있다. 불특정 다수에게 경고하지 않은 형태로 폭력을 행사하는 것을 테러라고 한다. 일상의 시민들은 '설마 테러가 내 주변에서 일어날까?' 하며 외면하려고 하지만 테러는 가장 평화롭다는 노르웨이 오슬로에서도, 파리에서도, 런던에서도, 브뤼셀에서도, 도쿄에서도, 뉴욕에서도, 때와 장소를 가리지 않고 부지불식간에 일어났다. 테러가 만연하는 시대상황에서 청소년들에게 테러리즘에 대해 객관적으로 교육하며 평화적으로 대안을 마련해 보게 하는 것이 서구 시민교육의 정치·사회적 주제다.

특히 여기서는 종교적 근본주의와 연동된 테러리즘을 올바로 이해하고 테러집단에 가담하지 않게 하거나 가입한 테러리즘 조직으로부터 빠져나오게 하는 시민교육이 강조된다. 어떤 경우, 특정 공동체에서 테러리스트는 애국적 시민으로 칭송되기도 한다. 실제로 종교적 근본주의 관점에서 많은 테러리스트가 자신을 순교자라고 하기도 한다. 2011년 오슬로 근교 우퇴위아 섬에서 열린 사민당 청소년 캠프에 참여한 10대들을 향해 총격을 가해 70여 명을 살해한 브레이비크는, 백인 기독교 국가인 노르웨이를 위해 테러를 자행한 순교자라고 스스로를 합리화했다. 이 같은 근본주의적 테러리즘을 시민교육을 통해 어떻게 차단하느냐 하는 것은 결코 쉽게 답할 수 있는 주제는 아니다.

　폭력적 극단주의에 근거한 테러리즘에 적극 대처하는 시민교육은 2000년 이후 글로벌 시민교육의 중심적인 주제다. 유엔은 유엔 반(反)테러리즘 센터(UN Anti-Terrorism Center)를 만들어 2005년 이래 '반테러리즘 교육(Education against Terrorism)'을 정책화하고 있으며, 유럽이나 아프리카 국가에서도 자국의 실정에 맞는 반테러리즘 교육을 적극적으로 실행하고 있다. 유엔 반테러리즘 교육을 교육정책과 교사교육에 집중적으로 연동시킨 유네스코의 '폭력적 극단주의를 예방하는 교육(Preventing Violent Extremism through Education, PVE-E)' 사업은 2015년 이래 정치·사회적 폭력적 극단주의뿐만 아니라 폭력적 학교문화의 평화문화로의 변혁을 강조하며 반테러리즘 기반의 평화시민성 함양을 위한 교육을 지향하고 있다.(그림 3 참조)

그림 3 폭력적 극단주의 교사지침서 및 정책 가이드

넷째, 정의롭고 민주적인 공동체를 위해 책임 있게 참여하고 행동하는 시민을 육성하기 위해 인권기반의 관점에서 시민역량 강화는 시민교육의 핵심적인 제4원칙이다. 식민지적 억압, 전쟁의 고통, 분단의 상처 그리고 정치적 압제 등을 시민의 힘으로 극복한 한국의 민주화에서 보여준 시민 참여적 행동은 정치적 민주화와 경제발전을 함께 이룬 세계적 귀감으로 인정받고 있다. 특히 2016-2017년 전국적으로 점화된 촛불시위에서 볼 수 있듯이, 비폭력적 시민연대를 통해 성취한 민주적 정권교체는 한반도 평화와 경제민주화, 사회적 안정과 정의 등 아래로부터의 인간안보를 실현할 수 있는 객관적 여건을 마련한 것으로 보인다. 당시 거론되었던 정치개혁이나 사회적 약자의 인권, 한반도 평화 등의 측면에서 오늘날의 추진 성과는 다소 실망스럽지만, 그럼에도 포괄적인 시민적 권리 신장의 관점에서 상당한 진전이 이루어졌다고 평가할 수 있다.

코로나19로 인해 난무한 가짜 정보에 의한 정보 팬데믹(Infodemic)이 기승을 부리고 국가주의적 선동을 통한 혐오정서를 유발하는 가운데, 2020년 5월 미국에서 흑인 시민에 대한 백인 경찰의 무차별적 구타로 인한 사망 사건에 '흑인의 생명도 소중하다(Black lives matter)'는 인종적 정체성에 기인한 인권운동이 전국적으로 일어난 것도 적극적 시민운동의 한 예다. 다른 한편 2021년 미얀마 군부 쿠데타에 대한 시민저항과 이에 대한 글로벌 연대가 확산되면서 전 세계시민이 함께 미얀

마 군부독재 종식을 외치는 것도 세계시민 인권운동이다. 미
얀마 시민들의 민주주의, 사회적 안전과 치안, 웰빙에 대한 요
구가 미얀마의 문제로만 비칠 수도 있지만 일국의 문제는 거
기서 끝나지 않고 도미노처럼 세계문제로 비화된다는 점을
주목해야 한다. 세계시민들이 한국 민주화운동 과정에 연대
하여 주었듯이, 미얀마의 정치·사회적 민주화에 대한 요구에
전 세계시민들이 연대하여 각국 정부가 미얀마 군부 쿠데타
세력을 지지하지 못하도록 하는 것이 시민교육의 글로벌화이
며 인권기반의 세계시민교육이다.

　　이런 점에서 왜 우리가 미얀마의 민주화 시위에도 관심을
가져야 하며, 한국 촛불시위에서 드러났던 다양한 수준의 민
주화 요구 실행에도, 미국에서 벌어진 인종적 정체성에 근간
한 인권운동에도 관심을 가져야 하는지가 분명해진다. 특히
백인 우월주의에 근거한 흑인혐오가 아시안 혐오주의로 악화
되자 전 세계적으로 인종정체성에 근간한 인권운동이 확대되
었다. 지구상에 수백 개 이상의 인종이 모여 사는데, 이런 다
양한 인종의 공존이 기독교적 관점에서 보면 창조질서의 원리
일 것이고 불교의 경우에는 자비의 원리일 것이다. 자신만의
신앙 도그마에 갇혀 각자 자기 종교의 원리만 옳다고 주장하
며 상대를 비난하고 배척하는 것은 모든 종교의 이상이 아니
며 세계인권선언의 정신에도 배치된다.

모두 함께하는
코로나 시민교육

    지속가능한 미래의 평화적 공존을 위해 세계가 합의한 보편가치에 근거하여, 더불어 함께 살아갈 수 있는지를 포괄적으로 학습(learning to live together)하여 시민역량을 기르는 것이 시민교육이다. 코로나 팬데믹은 인류의 생존을 위협하는 글로벌 위기가 면전에 다가와 있음을 보여주는 절박한 현안이다. 문제는 이러한 팬데믹 위험이 한 번으로 끝나는 것이 아니라 지속적으로 반복될 거라고 예측하기에, 지속가능한 공존적 삶을 위해 향후 닥칠 미지의 팬데믹에 대비할 수 있도록 시민교육을 해야 한다는 것이다. 코로나 시민교육은 모든 사람은 평등하며 누구에게도 양도할 수 없는 천부인권을 지닌다는 원칙에 근거하여 어떻게 모두를 공포와 결핍으로부터 자유롭게 살릴 것인지를 놓고 다 함께 살 수 있는 미래를 준비하며 역량을 쌓는 시민학습이어야 한다.

코로나19 격동기에 사회적 거리두기만 강조될 때, '사회적 거리는 멀어도 마음의 거리는 짧습니다' 혹은 '사회적 거리는 2m, 마음의 거리는 0m' 등 관계의 필요성을 이야기하는 표어들이 나타났다. 록 다운된 상태에서 길거리에 사람들이 사라지고, 학교를 비롯한 공공장소들이 폐쇄되고, 함께하는 모임이나 식사가 제한되자 처음에는 경제만 걱정했지만 바로 이어지는 문제가 사회적 격리가 초래할 단절의 사회·정서적 요소였다. 사회적 거리두기의 일환으로 집단모임이 제한되고 금지되면서 카페에 손님이 없고, 도서관이나 미술관 등 어디도 갈 데가 없고, 알바할 데도 없고, 심지어 준비되지 않은 재택근무까지, 일상에서 곤혹스런 일들이 이어졌다. 얼굴 보기도 힘들었던 식구들이 다 함께 집에 있게 되는 상황에서 자연히 수입은 줄고, 특히 자영업자들의 낭패감은 표현할 길이 없다. 날마다 코로나바이러스 확진자 수를 체크해야 하고, 위중자와 사망자 수 등 코로나 관련 뉴스로 시작하는 일상의 질식할 것 같은 상태에서, 우리는 과연 미래가 있는지, 희망이 있는지 묻게 된다. 그러면서도 오늘 내가 해야 할 일이 무엇인지 찾게 된다. 두렵고 무섭지만 우리는 내 가족 내 이웃을 걱정하며 헤쳐나갈 방도를 모색하게 된다. 그러면서 평화가 무엇이고 사랑이 무엇이며 교육이 무엇인지 하나하나 짚어보면서 그동안 쌓인 힘든 삶의 무게를 주변과 나눌 수 있게 된다.

인간은 끊임없이 내가 누구인지 묻는 가운데 사회적 관계를 맺으려고 다양한 시도를 한다. 대화는 이러한 관계를 맺어주는 윤활유다. 은밀한 나를 드러내면서, 코로나로 힘든 나와 너를 위로하기도 하고, 코로나로 어려운 이웃과 먼 나라 사람들의 고통을 인식하면서 처지에 공감하며 돕고 싶은 마음이 생기고 때론 불평등한 시스템에 분노하는 것이 바로 이러한 적극적 대화를 통해서다. 대화하고 싶으면 사람을 만나야 한다. 하지만 코로나 상황에서 사람을 만나 떠들면 안 된다는 제한이 있다. 그래서 소수만이 모여 이야기할 수 있다. 이것이 어쩌면 대화하기 좋은 기회를 만들어 주는 사회적 여건이다. 코로나 이전엔 주로 많은 사람이 모였기에 대화하기가 어려웠는데 코로나 상황에서는 많이 모여도 4~6인이 마스크 쓰고 이야기하니까 오히려 더 집중하게 되고 상황을 더 잘 이해하게 된다. 사회적 문제도 조근조근 이야기하게 된다. 왜 사건사고가 끊이지 않는데도 중대재해처벌법이 가동되지 않는지, 왜 선진국이라는 나라에서 가난한 나라에 유통기한이 다 된 코로나 백신을 지원하여 다 버리게 하는지, 왜 부자는 더 부자가 되고 가난한 사람들은 더 많아지는지, 왜 감염병이 팬데믹으로 확산되고 사람들은 거리로 나와 극단적으로 시위하고 혐오주의에 빠지는지 등등에 대한 이성적 대화가 가능하다. 아이들도 이런 문제를 궁금해한다. 그러니 좌절하지 말고 소수의 대면 혹은 비대면 채널을 통해 코로나 상황을 적극적으로 활용하여 희망적인 시민역할을 할 수 있도록 발상을 전환하는 노력이 요구된다.

　학교 문이 오랫동안 닫혀 있었고 아이들은 비대면 수업을 받았다. 처음 1년은 다들 놀라 두려움 속에서 제대로 요구하지도 못하다가 1년이 지나자 이건 아닌 것 같다는 생각에 정부도, 시민도, 아이들도 차츰 일상으로 돌아가는 문제를 꺼내기 시작했다. 그중에는 코로나로 일상이 완전히 깨진 사람도 있지만, 오히려 더 승승장구하는 부류도 생겼다. 그럼에도 학교와 관련해서는 '많은 아이가 학교에 못 가서 배움이 결손되었다', '친구를 못 만나서 사회성이 떨어졌다', '밖에 못 나가서 비만이 늘고 온라인 학습만 하다 보니 시력이 나빠졌고, 급식이 안 되니 영양도 나빠졌다'는 등등의 발표가 이어졌다. 학교 문을 열면 이런 문제부터 해결해야 한다고 했고, 그것이 교육회복이라고 믿는 것 같다.

이런 상황에서는 코로나 상황에서 회자되는 교육회복이 코로나 이전 상태로 돌아가는 것만을 의미하는 것처럼 비친다. 그럴 경우 교육제도 자체가 지닌 불평등한 요소는 문제삼지 않은 채 다양한 부류의 학생들이 부딪히고 있던 교육격차나 사회·정서적 소외가 노정되던 이전 수준으로라도 되돌리면 되는 것이다. 그러면 코로나 이전의 불평등한, 대화 없는 교육환경으로 돌아가는 것이 교육회복이라고 포장하게 된다. 스테파니아 지아니니 유네스코 사무총장보는 오늘날 코로나 팬데믹 상황에서 모든 국가가 우선적으로 학교를 안전하게 누구에게나 공평하게 다시 열어야 한다고 주장하면서도 교육회복의 방향은 '어떤 아이도 뒤처진 채 남겨지지 않도록 포용적이고 회복탄력적인 학교환경을 구축하는 것'이라고 했다.

코로나 위기를 학교교육의 본질을 회복할 수 있는 적기(適期)
로 삼아야 한다.

　　교육회복은 학교 안에서의 노력만으로는 충분치 않다. 사
회적 회복이 함께해야만 교육회복이 본래의 효과를 낼 수 있
다. 교육 불평등을 당연시하는 사회 풍토를 변혁하는 것, 공교
육을 압도하는 사교육의 힘을 억제하는 것, 입시경쟁으로 아
이들을 고통스럽게 하기보다는 다양한 능력이 펼쳐지도록 자
신감을 회복시키는 것, 이를 위해 마을교육공동체의 학교지원
성격을 분명히 하는 것 등의 환경 조성이 시급하다. 이를 위해
아이 중심으로 학부모와 교사의 협업이 이루어지도록 학교는
사회로, 사회는 학교로, 쌍방의 노력이 요구된다. 모두가 참여
하는 코로나 시민교육이 평생학습 차원에서 적극적으로 이어
질 때, 언제고 찾아올 수 있는 온갖 고난 속에서도 마음의 균
형을 잃지 않고 회복탄력성을 갖춘 시민들이 아이들의 지속
가능한 평화를 보장할 것이다. 그러한 가운데 학습손실을 비
롯한 사회적 관계, 심인적 불균형 등을 종합적으로 회복시킬
방법이 공동으로 모색될 수 있다.

　　근본적으로 언제 닥칠지 모르는 다양한 수준의 위험이
나 불행에도 아이들이 평정심을 잃지 않고 탄력적인 마음근
력(resilience)을 키울 수 있도록 사회적 위기에 적극 대처하는
사회정서학습(Social and Emotional Learning, SEL)을 통해 장기적이
고 종합적인 대비를 할 수 있게 해야 한다. SEL을 통해 학생이
나 교사들이 잘못 알려진 가짜 정보에 현혹되지 않고, 글로벌

환경이 처한 충격적 위기상황을 비판적으로 인식하고 대처하게 하면 코로나 시민교육은 저절로 된다. 코로나 팬데믹이라는 사회적 충격에 대한 회복탄력성을 갖추도록 교사를 비롯한 모든 교육관계자나 학부모와 지역사회시민들도 함께 항상 깨어 있는 학습을 해야 한다. 이러한 공동의 시민 참여적 노력을 통해서만이 코로나로 야기된 학습결손이나 코로나 블루 같은 교육·사회적 문제가 학교 안팎에서 올바로 성찰되어 공정하게 해소될 수 있다.

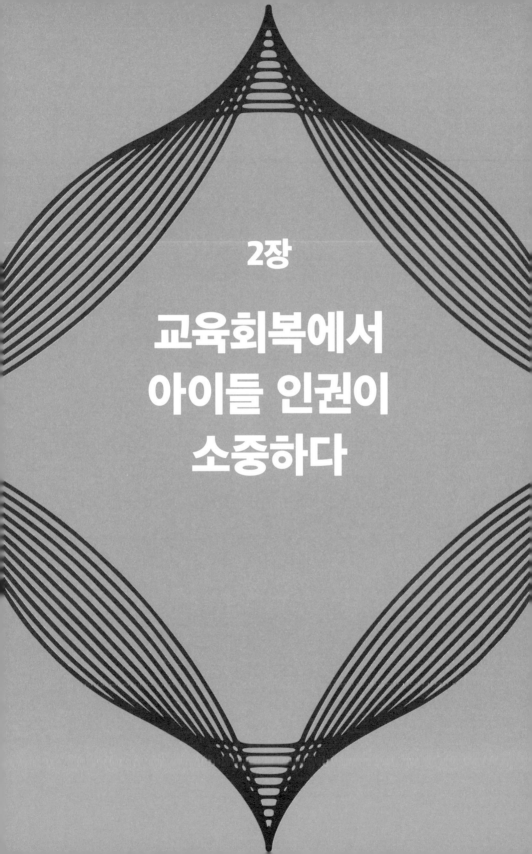

2장

교육회복에서
아이들 인권이
소중하다

아이들에게 학교는 또 다른 차원의 집이다. 일차적으로는 공부하는 곳이지만 먹기도 하고 놀기도 하고 쉬기도 하고 온갖 고민도 하는 종합적인 돌봄과 교육의 공간이다. 학교가 지닌 이러한 종합적 기능을 온전히 되살리는 것이 교육회복의 방향이어야 한다. 본래 공공기관에서 실시하는 모든 아동·청소년활동은 '아동·청소년의 최상의 이익'이 최우선적으로 고려되어야 한다. 그런데 교육회복 정책에서 상당 부분이 아이들의 요구보다는 어른인 학부모나 교사 혹은 교육기관의 입장이 우선적으로 고려된다. '우리 아이들을 위해'(for our children) '우리 아이들과 함께'(with our children) '우리 아이들의'(of our children) 교육회복 방향이 세워지고 집행되어야 할 것이다. 어떠한 재난 상황에서도 중요한 것은 아이들을 위해 위험이 적은 안전한 공간으로서 학교교육이 보장되어야 하고, 교육에서 회복탄력성, 즉 마음근력을 확실히 심어주어 어떠한 재난이 다시 와도 아이들이 희망을 잃지 않고 위축되지 않을 건강한 마음의 힘을 갖추도록 하는 것이다.

학교 닫기에서 열기로:
교육회복의 일반적 정책방향

신종 코로나바이러스 감염증(코로나19)이 중국에서 처음 보고되고 몇 개 국가로 확산되기 시작했을 때만 해도 2년 넘도록 이렇게까지 장기간 지속되리라고는 누구도 예상하지 못했다. 불확실한 감염병과의 긴 싸움이 전 세계 사람들에게 신체적, 정신적, 문화적, 경제적, 사회적으로 타격을 입히면서 생활 균형이 무너지고 있다. 그중에서도 특히 학교에 다니던 아이들은 코로나 팬데믹 상황에서 전 세계 학교가 모두 록 다운하자, 자기 집에서만 있어야 하는 이른바 사회적 격리를 당하게 된 셈이다. 사실 코로나19는 전 세계의 교육이 공통적으로 한꺼번에 경험한 초유의 위기상황이었다. 이로 인해 아이들뿐만 아니라 하부모아 교사도 우왕좌왕하며 불안해하고 곤혹스러웠다. 코로나 팬데믹 초기에는 사회적 거리두기의 일환으로 아이들이 모여 있으면 위험하다는 판단하에 대부분의

국가에서 코로나 교육대책으로 학교를 폐쇄하고 대면 수업을
비대면 온라인학습으로 전환하며 학내외 모든 대면활동을 엄
격히 제한하였다. 모든 미디어에서는 코로나로 인한 정치·사
회적 혼란만을 주로 다루었지만, 문을 닫아 인적이 끊긴 적막
한 학교는 사실 훨씬 더 혼란스런 상황이었음에도 사회적 주
목을 받지 못했다. 다른 것은 다 문을 닫아도 종합적 교육과
돌봄의 공간인 학교만은 열어야 한다는 것이 모든 사람의 바
람이고 원칙이었지만, 불확실한 팬데믹 초기 상황은 너무나
위험했고 아이들을 보호하기 위해 학교폐쇄는 불가피했다.

　　유네스코는 코로나 교육 대응(COVID-19 Education Response)
을 지속적으로 관찰하도록 코로나 팬데믹 직후부터 유네스
코 회원국가들의 학교폐쇄와 재개 현황을 모니터링하여 도
표(Global monitoring of school closures caused by COVID-19)로 보여주
고 있다. 코비드-19 팬데믹 초기 약 5개월 이상은 모든 국가에
서 학교가 완전히 문을 닫아 도표 앞부분이 보라색(폐쇄) 일색
이었지만, 2020년 10월 이후 선진국가들 중심으로 정부의 교
육정책을 부분재개(빨간색) 혹은 완전재개(파란색)로 전환하면
서 도표의 색깔 구성도 다양해졌다. 지금 대부분 선진국가들
은 학교재개를 원칙으로 학교 문을 열었지만 가난한 많은 국
가들은 아직도 학교봉쇄의 빗장을 풀 수 없는 형국이다. 코
로나가 더욱 심각한 교육현안이 된 것은, 팬데믹 초기에는 건
강 취약층인 노인 위주의 코로나 감염이 지배적이었으나 2년
이 지난 지금은 아동·청소년들도 공격하는 새로운 변이 바이

러스가 창궐하면서 학교가 코로나 감염지로 부상하기 때문이다. 백신의 안정성이 불확실한 상태에서 다수가 백신 미접종자인 18세 미만의 확진자가 한국의 경우 2022년 2월 기준으로 25% 이상이다. 그럼에도 더 이상 학교를 닫을 수 없다는 판단 하에, 많은 국가에서 학교는 코로나 초기 긴급위기 대응 국면에서의 완전 학교폐쇄를 넘어서서 폐쇄와 부분재개를 반복하며 이제는 일상회복의 한 차원으로 '위드 코로나' 교육회복 방안을 내세우고 있다. 이러한 세계 추세에 맞추어 한국 교육부는 2021년 7월 29일 '교육회복 종합방안'을 발표하고 9월 8일 '교육회복지원위원회'를 구성하여 적극적으로 대처하고 있는 것으로 보인다.

　　학교재개 이후는 코로나로 생겨난 교육공백을 메우고 정상적으로 '교육을 회복'하는 방향에서 코로나와 공존하면서도 아이들을 안전하게 보호하며 교육적 기능을 살리는 어려운 과제가 실제로 집행되어야 하는 단계이다. 백신 개발에 전력하고 많은 국가가 백신 접종에 사활을 걸었지만, 백신 접종이 늘었어도 코로나 변이가 또 다른 위험 상황을 낳는 가운데 백신 접종을 하지 않은 아이들의 교육회복 방향이 복잡해졌다. 점점 더 많은 학교가 대면학습을 재개하는 상황에서, 코로나로 학교 문이 닫혀 '잃어버린 학습(lost learning)'을 복구하고, '잃어버린 세대(lost generation)'가 될지도 모를 아이들이 마음을 다독거리며, 그들의 사회적 관계를 복원시키고, 코로나 문제 상황으로 진단된 요인들을 종합적으로 해결할 수 있을 것인지에 대해 사회적 합의를 모으며 정책화하여 실행하는 것이 시급해졌다. 이에 각국의 정치 지도자들도 교육회복을 위한 긴급재원 투입을 약속하고 교육자들의 협조를 구하고 있으나 방역, 돌봄과 교육을 통합해서 운영해야 하는 대처 방향을 둘러싸고는 정부와 지자체, 학교와 교사 그리고 학부모와 학생 사이에서 여러 이견과 불만이 터져 나온다. 바람직한 교육회복 방향에 대한 합의를 이루기가 아주 어렵다.

이러한 가운데 UNESCO, UNICEF, OECD, World Bank(2021) 등 글로벌 교육 현안을 다뤄오던 국제기구들은 '코로나 이후 교육회복(What's the Next: Lesson on Education Recovery)'에 관한 종합적인 방향을 제시하면서 무엇보다 자국 아동들을 위한 긴급재정 투입 외에 가난한 국가들의 아동을 위한 글로벌 교육협력정책(Global Partnership for Education, GPE) 집행을 요청하고 있다. 2021년 6월, 143개 국가의 교육부가 답변한 자료를 바탕으로 작성한 보고서에 따르면, 대부분의 정부가 원격교육으로의 급격한 전환에 따른 준비 부족 및 교사지원의 어려움 그리고 취약아동들에 대한 설비지원 및 적절한 접근 대책 부족 등을 호소하였고, 국내 계층 간 격차뿐만 아니라 국가 간 양극화가 심각하다는 지적이 제기되었다. 이를 기반으로 글로벌 수준에서 제시한 교육회복 정책 방향을 다음과 같이 정리하며 제안하고 있다.

1. 학교폐쇄로 인한 학습손실의 복구가 최우선: 2020년 코로나 초기엔 대부분의 국가들이 완전봉쇄로 들어갔지만 2021년 2월 이후 저소득국가 대부분은 여전히 완전 혹은 부분봉쇄 상태이나 대부분의 선진국가들은 학교재개로 방향을 돌렸다. 대부분의 국가들은 완전 비대면 수업에서 대면/비대면을 섞어 활용하는 하이브리드 학습(hybrid learning) 혹은 학기단축 등을 통해 잠재적 학습역량 저하에 대처하고 있다. 장기적인 학교봉쇄로 학습결손은 불가피한데, 특히 장애아동이나 교육적 지원이 불충분한 계층 아동들의 학습결손을 보완해줄 적극적 대처가 시급하다. 이것은 국내 상황뿐만 아니라 국제학력비교에서도 드러나는데, 선진국과 저개발국의 학력격차가 더 벌어지는 결과를 방치해서는 안 된다. 특히 저개발국의 경우 시험을 치를 수 없는 상황에 봉착해 있어 국제비교 자체가 불가능하다. 소득격차가 반영된 학습격차 해소를 위한 전반적인 보완교육이 모든 아동을 대상으로 체계적으로 이루어져야 한다. 무엇보다 학령전 조기 보완교육(pre-primary remediation)이 저소득층 자녀들에게 우선적으로 주어져야만 추후 학력저하로 인한 계층 양극화를 예방할 수 있다.

2. 효과적이고 공정한 원격교육 전략 수립: 원격학습으로의 급격한 전환에 따라 96% 이상 대부분의 선진국은 디지털 플랫폼 원격학습을 제공하지만 저개발국 대부분은 전통적인 원격교육 형태인 라디오 송출 방식에 의존하고 있다. 경제적 선진국과 개발도상국/저개발국 간의 이러한 비대면 학습의 질적 격차는 글로벌 수준의 학습격차를 더 벌어지게 만든다. 선진국에 비해 개발도상국의 취약한 교육 시스

템에 대한 접근기회를 공정하게 확보하도록 온라인 인프라 구축을 포
함한 교육복지 지원이 시급하다. 다양한 수준의 원격수업 방식이 학
부모와 교사의 관여를 차별화하게 만들므로 학습자의 상황에 맞는
비대면 학습방식을 개발해야 한다. 전 세계적으로 교사들이 받는 비
대면 수업 스트레스, 학생지도의 어려움, 심리적·사회적·정서적 지지
결여, ICT 활용능력 개발을 포함한 하이브리드 교수법의 적용 문제 등
으로 교사들도 엄청난 책임감에 시달리고 있다. 학교현장을 압도하는
코로나 블루는 어느 누구도 피해가지 않는다. 학교재개에 따라 교사
의 백신 우선접종을 비롯해 코로나로부터 안전한 교육환경을 보장해
주어 교사들이 안전하게 대면학습에 임할 수 있도록 조치를 취해야
한다. 하지만 방역지침이 국가의 중앙행정부 차원에서 결정되어 학교
로 하달되는 과정에서 학교의 특수성이 외면된 효과적이지 않은 정부
지침을 수동적으로 따라야 하는 경우가 왕왕 있는가 하면, 거꾸로 포
괄적인 지침만 내려보내고 학교와 교사들에게 학교방역과 돌봄 책임
을 떠안기는 경우가 있다. 포용적이고 효과적인 교육회복을 위해서는
학교의 특성이 반영된 민주적 정책결정과정이 보장되고 지원되어야
효과적이고 공정한 교육회복 정책이 실효를 거둘 수 있다.

3. 모두를 위해 안전하게 학교를 재개: 코로나 감염병 확산이 여전히
잡히지 않는 상태에서 학교 문을 연다는 것은 다소 무모해 보일 수도
있지만, 학교에서 전염이 차단될 수 있도록 방역조치를 최적화하고 안
전조치를 철저히 하며 개인위생을 최대한 철저히 하도록 부처 간 협
력을 통해 충분한 예산투입이 효율적으로 이루어지게 한다. 교사와

특히 보건교사 및 학교돌봄인력의 지도하에 학교에서의 신체적 거리두기(Physical distancing) 및 손 씻기와 마스크 쓰기 등 철저한 개인위생이 요구된다. 하지만 개발도상국/저개발국의 경우 충분한 비누, 깨끗한 물, 마스크 등 위생용품 제공이 미비하고 방역조건이 열악하기 때문에 아이들의 안전을 위해 학교 문을 쉽게 열 수 없는 형편이다. 디지털 학습 플랫폼 구축과 학교재개, 취약아동에 대한 특별 지원, 교사 디지털 학습 연수 등을 통한 완전한 교육회복을 위해 정부는 이에 대한 충분한 예산을 지원하고 협력해야 할 뿐만 아니라 저개발국의 교육회복을 위한 국제공조 및 기금지원도 적극적으로 이루어져야 한다. 이래야만 전 세계적으로 학교이탈 청소년 비율을 낮출 수 있고 장기적으로 평화적이고 지속가능한 미래를 위해 모든 아이들이 코로나 팬데믹 상황에서도 자기회복력을 유지할 수 있다. 코로나 상황에서도 모두를 위해 안전하게 학교 문을 다시 열고 하이브리드 학습체계를 구축하는 것은 뉴노멀(new normal) 교육으로의 전환을 예고하는 것이다.

글로벌 수준에서 제시한 교육회복 방향은 국가 간에 다소 편차는 있지만 보편적 기준이라고 생각된다. 교육폐쇄로 인한 학습손실 복구에서 사회적·교육적 취약계층 아동을 우선적으로 조치하고, 비대면 학습환경이 학습격차를 늘리는 결과를 낳지 않도록 효과적이고 공평한 원격교육 시스템을 구축하여 교육정의를 실현하고, 모두를 위한 안전한 학교환경 재개를 위해 회복탄력성을 높일 수 있는 종합적 정책을 세우는 일 등은 우리에게도 시급하다.

포용적 교육회복
10원칙

사실 학교를 열고서도 상황에 따라 대면과 비대면 학습을 공존시키는 뉴노멀 교육은 코로나 이전 학습상황과는 형식적으로 다르다. 코로나 이전에도 4차 산업사회의 도래를 준비한다는 명분으로 각종 사이버 강의가 열리기도 했지만 그때는 선택이었다. 하지만 코로나를 거치면서 온라인 원격학습은 다양한 수업모델 중에 안전한 사회적 거리두기를 보장하는 필수항목이다. 더구나 코로나 팬데믹 상황에서 원격교육으로 상징되는 초기 비대면 수업이 수업내용을 플랫폼에서 만들어서 하달하는 일방적 지식전달 방식이었다면, 뉴노멀 교육에서 비대면 수업은 이러한 한계를 극복하고 비대면 학습자와 교수자의 일대일 소통을 효율적으로 맺어주는 맞춤형 학습지원방식으로, 필요에 따라 소규모 대면학습이 병행되기도 한다. 뉴노멀 교육에서의 이러한 하이브리드 학습은 학습자

중심의 수업 모드로 적극 수용될 가능성이 크다. 코로나 확산이 꺾이지 않는 상황에서 지역사회의 안전과 적극적 지원은 특히 뉴노멀 교육 안착에 중요한 변수다.

모두에게 안전하고 사람들을 환대하는 가정과 지역사회의 협력 없이는 교육회복이 성공할 수 없다. 코로나 이전에도 이미 계층별, 성별, 지역별 교육 편차가 있어 이로 인해 발생한 지식이나 능력에서의 수준 차가 있던 코로나 이전 단계로 단순히 되돌리는 것이 교육정의에 기반한 교육회복이라고 할 수는 없겠지만, 최소한 이전 수준으로라도 인지적, 사회·정서적, 신체적 안정성과 교육시설 가동수준으로 회복시키는 것은 아주 중요한 출발이다. 그러면서 교육 본연의 목적을 위해 재구성해가는 교육회복 변혁 과정이 단계적으로 조성되어야 할 것이다. 이렇게 안정적이고 지속적인 교육회복 조치만이 코로나로 인해 '집콕'하게 되면서 배제되고 이탈되었다는 위기의식을 경감시키는 교육·사회적 지원 환경을 만들 수 있다. 코로나 위기에 대처하는 교육·사회적 과제는 모든 국가가 당면한 교육회복 방향이어서 어떻게 교육회복 방향을 설정해야 하는가를 놓고 2021년 10월 경제협력개발기구 OECD(Organization for Economic Cooperation and Development)와 국제교사연맹 EI(Education International)는 '효과적이고 공평한 교육회복 10원칙'(Effective and Equitable Educational Recovery-10 Principles)을 제안하였다(부록 1).

1. 학교를 최대한 안전하게, 가능한 한 많이 열게 할 것.

2. 공평성을 확보하고 필요여건에 맞추어 자원을 배분함.

3. 모든 학생이 이용할 수 있게 설계된 원격학습 인프라를 구축할 것.

4. 교사들의 전문성이 유지되도록 지원할 것.

5. 교사와 학부모가 학습자를 지원할 수 있도록 독려함.

6. 학생들의 학습과 사회·정서적 욕구를 충족하는 맞춤형 지원을 제공할 것.

7. 탄탄한 디지털 학습 인프라를 교사와 이해당사자들이 공동 설계함.

8. 교사들이 전문직 학습 기회로부터 혜택을 얻고 전문성을 발휘할 수 있도록 권한을 부여할 것.

9. 학교공동체와의 파트너십을 토대로 협력적인 혁신 문화를 장려함.

10. 국내 혹은 국제적인 증거로부터 학습할 것.

    국제기구에서 제시하는 교육회복의 일관된 방향은 학교 재개를 원칙으로 하며, 어느 누구도 소외되지 않는 공평한 교육자원이 안정적으로 제공되어야 한다는 것이다. 이때 교사, 학부모와 관련 인사들이 민주적으로 참여해야 하며, 특히 디지털 학습 인프라 구축을 효과적으로 진행해야 한다. 여기서 국제협력이 절실히 요청된다.

    사실 전 세계 학교교육이 코로나 팬데믹 같은 외부 위기에 얼마나 취약한지를 지난 2년 이상 진행되었던 교육적 대응

이 여실히 보여주었다. 학교가 학업성취 향상뿐만 아니라 사
회적 위기에 담대하게 대처할 수 있는 회복탄력성(resilience)을
길러주는 교육을 제공했다면, 언제고 또 다가올 유사한 위기
국면에도 적절하게 대응할 수 있는 교육회복 정책이 굳이 따
로 필요하지는 않았을 것이다.

　역사적으로 한국교육의 회복탄력성은 세계 어느 나라와
비교해도 대단한 수준이었다. 식민지하에서도 당당하게 식민
세력과 맞서는 교육구국운동을 전개하였고, 분단 이후 한국
전쟁을 혹독하게 거쳤음에도 정치적 민주화와 경제성장을 이
룩하였다. 이러한 사회적 성취의 기저에 한국교육이 있다고
세계가 평가하고 있다. 하지만 우리는 풍요한 사회, 출세만을
위한 입시 위주의 경쟁교육을 거치면서 오늘날 한국교육의 회
복탄력성은 낮고 청소년들은 희망 없는 미래에 꿈을 상실한
채 무력하게 대응할 뿐이라며 한탄하고 있다. 그래서 코로나
위기의 교육·사회적 극복이 우리 사회의 저력인 마음근력 즉
회복탄력성을 키울 수 있는 또 한 번의 계기로 작용할 수 있
게 해야 한다고 기대한다.

　코로나 상황에서 학교가 모두를 위한 교육회복력 강화를
위한 안전한 학습공간으로 기능하면서 아이들을 위축되지 않
게 올바로 세워준다면, 학교교육은 교육 본래의 이상인 교육
평등과 개인잠재력 개발 그리고 시회적 기여에 한 길음 더 가
까이 다가갈 것이다. 이를 위해 학교는 모두에게 확신을 주는
안전 공간으로, 적절한 학교위생 조치를 취하면서 아동이 교

실에서 대면수업도 하고 사회적 인간관계도 할 수 있도록 늘
열려 있어야 한다. 지역사회에서 학교가 가장 안전하고 활력
적이고 포근한 장소가 아닌가? 그렇게 만들어야 할 책임이 우
리에게 있다. 메르스 때도 일부 학교 교사들이 학교를 닫지
않고 헌신적으로 아이들을 포용하지 않았는가? 그럼에도 코
로나 팬데믹 상황은 이전 어느 감염병보다 심각하고 이행상
황이 불확실한 상태이므로, 학교재개만 고집하기보다는 대면
과 비대면을 섞어 운용하는 하이브리드 학습을 제공하면서
학습결손이나 사회·정서적 위축을 막아야 할 것이다. 이를 위
해 무엇보다 아이들의 요구에 맞는 단계별 다양한 유형의 비
대면 학교교육 모형을 개발하고 이에 따른 교사연수를 적극
적으로 실시해야 한다. 교사들도 코로나 팬데믹 상황을 자기
개발을 위한 새로운 환경으로 수용할 적극적 자세로 임해야
한다. 변화하는 교육환경에 맞춘 자기주도적 평생학습자로서
교사는 대면연수뿐만 아니라 전 세계 비대면 학습연수 기회
를 찾아다니며 자기에게 맞는 연수를 자율적으로 얼마든지
받을 수 있다.

　　교육회복은 학교만의 노력으로는 부족하다. 사회 전체의
건강한 회복이 동시적으로 진행되어야 그 안에서 교육회복도
의미가 있다. 그림 4를 통해 OECD와 EI가 가정하듯, 가정-학
교-지역사회-국가사회-국제사회가 아이들의 지속가능한 미래
를 위해 하나의 생태조직으로 긴밀하게 엮여있기에 모든 단위
가 동시에 상호연계되어 작용하는 교육회복 대책을 강구해야

그림 4 교육회복 에코시스템(The Recovery Ecosystem)

한다. 가정에서는 부모나 형제들이, 학교에서는 모든 교육관계자가, 지역사회 주민들이, 국가의 정책담당자들이 그리고 지구촌 모두가 아이들을 위해 일상에서부터 정책적인 교육회복 인프라 구축 단계에 이르기까지 모두 교육회복 활성화에 참여해야 한다. 코로나로 직격탄을 맞은 교육약자들을 포함하여 모든 시민이 위축되지 않고 다가올 위기상황에 대한 냉철한 인식을 토대로 적극적인 대처를 할 수 있도록 교육하는 상생의 지역문화를 이루어갈 수 있도록 충분한 제도적 지원이 따라야 한다.

모두를 살리는
인권 기반의 교육회복

    유네스코나 OECD의 적극적 회원국인 한국의 교육회복 대책과 방향도 국제사회의 제언과 크게 다르지 않다. 학교는 열려 있어야 한다는 사회적 공감대 위에서 학교안전망 구축에 소요되는 비용을 충분히 확보하고 필요에 따라 부분 폐교를 하더라도 학교재개는 되돌릴 수 없다는 원칙을 고수하고 있다. 교육부가 발표한 '교육회복 종합방안 기본계획'에 따르면, 그동안 교육공백에서 비롯된 학습·심리정서·사회성 손실을 빠른 시일 안에 종합적으로 복구하는 것을 교육회복의 중심과제로 설정하고 있다. 중앙정부와 지방정부가 협력하여 학습, 심리정서, 사회성, 신체·건강상 결손이 누적되어 사회발달이 지연되고 교육격차가 벌어져 사회통합이 저해되지 않도록 가능한 한 빨리 적기에 지원한다는 원칙이다. 즉, 적기성, 종합성, 책무성의 3대 교육회복 원칙 위에서 사후약방문식 대처가 아니라 한발 앞서 예방하고 지원하는 종합적 교육회복정책을 펼친다는 것이다. 특히 학력저하에 주안점을 둔 학력지원도 중요하지만, 아이들의 잃어버린 사회적 관계가 회복될 수 있도록 사회·정서적 지원에 집중하며 특히 사회적 취약아동 청소년들에 대한 집중지원을 통해 교육격차를 줄이도록 한다는 방향이다. 동시에 교사와 학부모의 사회·정서적 지원대책도 마련하겠다는 입장에서 지방정부도 교육회복지원사업의 주체로서 적극 참여할 것을 유도하고 있다.

　　상대적으로 코로나 초기 대응에 성공적이었다는 평가를 받는 한국 사회에서도, 2020년 1월 21일 첫 코로나 환자가 발생하고 이후 한때 대구지역이 봉쇄되는 등 환자 증가 속도가 예측할 수 없게 되며 WHO가 3월 팬데믹을 선언하자, 교육부는 코로나 교육대책의 콘트롤타워로서 질병관리본부의 대국민 대응정책 기조에 따라 아이들을 안전하게 지키기 위한 일차 조치로서 모든 학교의 문을 닫게 하였다. 모든 수업은 갑작스레 비대면 학습으로 전환되었다. 한국은 인터넷 강국으로 나름 4차산업 시대 비대면 수업을 준비해야 한다는 미래교육 방안이 있었지만, 급작스런 코로나 상황에서 대면수업 위주의 학교환경을 비대면 학습으로 전환한다는 것은 많은 시행착오를 불가피하게 했다. EBS 교육방송이나 한국교육개발원의 디지털학교 자원을 활용하고자 했지만 이것을 일반학교이 수업 틀로 전면적으로 사용할 수는 없었다.

　　이러한 급박한 상황에서 교사들은 빠른 시간 내에 비대

면 수업에 적응해야 했고 아이들도 마찬가지였다. 여기서 교사들 간에도 엄청난 간극이 발생했고 아이들의 가정환경 격차도 크게 작용하였다. 이 사이 코로나의 직접적 방역망을 비켜 간 사교육은 살아남았다. 이런 환경에서 비효율적인 비대면 일방학습에만 의존할 수밖에 없는 계층의 아이들과 사교육에 추가비용을 부담할 수 있는 계층의 아이들 사이에 학습격차가 벌어질 수밖에 없다. 사실, 어린 아이들이 원격수업으로 진행하는 과정에서 수업에 몰입하기는 정말 어렵다. 가정형편이 어려운 아이들의 경우 개인 인터넷 학습기기를 갖지 못할 뿐만 아니라 와이파이가 안 터져 수업을 들을 수 없는 경우도 있다. 이러한 교육약자들의 상황은 아이들의 자존감에 상처가 되기도 할 뿐만 아니라 기본적인 학습권을 침해받는 것이기도 하다. 여유 있는 집 아이들의 경우 오히려 학교 안 가니까 좋은 학원을 다닐 수 있어서 부족한 학력을 보충하는 좋은 기회가 되기도 하니 학교폐쇄가 크게 문제되지도 않는다. 문제는 보완적인 교육돌봄이 불가능한 교육약자들의 피해가 엄청 크고, 이것은 코로나 기반의 교육격차를 더욱 크게 벌어지게 한다는 점이다. 결국 성적은 떨어지게 되고 자기가 쓸모없는 존재라는 자기비하적 자책이 일면서 우울증이 심해지고 정신질환으로까지 발전하여 일부 학생의 경우 극단적인 생각까지 하게 된다.

사실 코로나로 느닷없이 학교에 못 가게 된 아이들은 사태가 장기화되고 집에만 있어야 하는 데서 불안, 걱정, 짜증,

우울 등의 부정적 감정과 사회적 관계 단절을 경험하게 된다. 학교에 가더라도 방역수칙에 따라 마스크를 쓰고 물리적 거리두기를 하기 때문에 이전처럼 친구들과 장난치기나 맛있는 것 먹으러 다니기 등 소소한 재밋거리를 즐길 수 없다. 처음엔 마스크 쓰는 것이 어색했으나 마스크가 자기 외모를 가려주는 장점이 있다고 생각하니까 오히려 이제는 벗기가 두렵기도 하다는 것이다. 신체적 활동이 줄어드니까 밖에 나가는 것이 어색하고 옷 갈아입는 것도 귀찮아 하루 종일 잠옷 입고 자기 방에서만 지낸다고 한다. 아동·청소년기의 중요한 사회적 과업인 친구 사귀기를 못하니까 아이들의 사회·정서적 발달에 심각한 장애가 발생할 수밖에 없다.

　　부모들의 경우 경제적·사회적·심리적 편차가 아주 크다. 아이들의 상황을 잘 이해하며 문제해결에 최선을 다하는 부모들이 있는가 하면, 자신들의 사회·경제적 재난의 어려움이 배가되어 불가피하게 자녀들을 방치하거나 아동학대로 이어지게 하는 경우도 있다. 학교에도 코로나 팬데믹 상황을 적극적으로 이겨내려는 교사들이 있는가 하면 소극적으로 방치하는 교사들도 있다. 여기서 아이 돌봄의 주체인 학부모들의 사회·정서적 안정과 교육회복 담당자인 교사의 전문적 지원 및 사회·정서적 안정 조치가 필요하다. 이때 명심할 사안은, 교육회복 중심에 아동이 인권으로서 교육권이 자리 잡아야 한다는 점이다.

　　'유엔 아동·청소년권리협약' 3조에 따르면, "공공·민간 사

회복지기관, 법원, 행정당국, 입법기관 등은 아동·청소년과 관
련된 활동을 함에 있어 아동·청소년에게 최상의 이익이 무엇
인지 가장 먼저 고려해야 한다." 부모와 교사 등 아동·청소년
활동을 책임지는 사람들도 마찬가지로 반드시 아동·청소년의
이익을 모든 활동에 최상에 두어야 한다. 학력손실만을 중요
하게 생각하여 교사나 학부모의 생각대로 처방하고 대책을
마련하는 것이 아니라, 아이들이 가장 힘들어하고 극복하려
는 방향이 무엇인지를 살펴 이들의 생각과 관심을 토대로 정
책을 세우고 집행해야 한다. '유엔 아동·청소년권리협약' 원칙
에 따라 모든 아동·청소년에게 보장된 생존권, 보호권, 빌딜
권, 참여권이 손상되지 않도록 코로나 위기 국면과 이후의 교
육회복 방향이 정해져야 한다. 취약층 아동·청소년들은 학교
가 문을 닫음으로 인해 당장 급식 제한 상황에 봉착하면서 생
존권이 위협받았다. 또한 지역아동센터도 폐쇄된 상황에서
좁은 집에서만 지내야 하는 아동들과 다른 식구들의 피로감
이 높아지면서 모든 식구의 코로나 블루가 극에 달해 폭력적
대치로 이어질 수 있으므로 이를 종합적으로 해결할 지역사
회 교육돌봄 방안이 강구되어야 한다. 코로나 상황에서 장애
아동·청소년들의 상황은 더욱 심각하다. 학교뿐만 아니라 지
역사회 차원에서 가용할 인적·물적 자원을 함께 찾아 취약 아
동·청소년들의 사회적 삶을 복구시킬 방안을 찾아야 한다. 없
는 것은 아니다. 다양한 자원이 지역사회 내에 있다. 지자체와
협력하여 아이들의 생각을 존중하며 이들의 의견을 듣고 이

들을 참여시켜 아이들을 온전히 잘 보호하고 이들의 균형 잡힌 발달을 지원할 방안을 모색해야 한다. 여기서 교사의 교육돌봄 역할이 강조되어야 한다. 코로나 상황에서는 '방역 따로, 돌봄 따로, 교육 따로'가 있을 수 없다. 힘들지만 쓸 수 있는 가용자원을 통합하여 아이들을 살릴 수 있도록 교육적 지혜를 짜내야 한다.

수업도 인터넷으로 하다 보면 아이들이 늘 온라인 화상에 노출되어 있다. 그래서 걸러지지 않은 디지털 상황에 무방비 상태다. 봐서는 안 되는 화면이 손도 안 댔는데 켜진다. 직접 만나서 이루어지는 의사소통이 제한되는 상황에서 SNS나 각종 사이버 정보에 주로 의존하다 보니 생각이 과격해지고 자신의 정보가 생각 없이 노출되면서 자칫 사이버 범죄의 대상이 되기도 하고 피해도 받는다. 더 심각한 문제는 각종 문제 사이트의 자료 노출로 인해 아이들이 폭력적 극단주의나 혐오주의로 물들 가능성도 있다는 점이다. 따라서 자기주도적으로 가짜 정보를 가려내고 비판적 사회인식을 할 수 있으며 자기회복력을 갖추도록 미디어 리터러시를 포함한 사회·정서적 학습을 통해 대면 혹은 비대면 교육회복 학습방안이 세워져야 한다. 말콤 놀즈의 고전적 학습유형 비교대로, 성인교육(Andragogy)은 자기주도적 학습이고 아동교육(Pedagogy)은 교사주도적 지시주입학습이어서는 안 된다. 프레이리가 제안했듯이 학교교육의 지배적 형태인 은행적금식 교육은 침묵의 문화에 침잠한 채 적극적 시민이 되지 못하게 한다. 이제부터

라도 아동·청소년을 평생학습자로서 언제 어디서고 자기주도적 학습역량을 기를 수 있도록 학교교육이 재설계되어야 한다. 온라인교육이 지금처럼 일방적 소통이 아닌 쌍방적 소통이 이루어지도록, 개개 학습자의 자기주도적 학습을 지원하는 맞춤형 온라인 플랫폼을 재구축해야 한다. 그래야만 아이들이 내가 무엇을 모르는지, 어떻게 문제를 해결해야 하는지, 그러기 위해선 어디로 들어가면 그 방법을 찾을 수 있는지를 자기주도적으로 파악하고 설계하면서 적극적 시민으로서 사회에 기여하며 자기 삶을 살아갈 수 있다.

　스스로 말하게 하고 스스로 학습하는 적극적 시민교육이 학교교육 회복의 중심에 놓여야 한다. 어떤 상황에서도 오뚝이처럼 일어설 수 있는 마음근력을 단단히 하면서 균형 잡힌 평정심을 잃지 않도록 하는 미래지향적 회복탄력성의 의미를 스스로 찾아가는 교육이 코로나 이후 교육회복의 올바른 방향일 것이다. 이것이 글로벌 차원에서 다가올 인류의 위기에 대처하는 유네스코나 OECD가 설계한 교육의 미래다. 교육의 미래를 위한 사회적 합의가 필요하다. 적극적 시민교육이 가용되어야 하는 이유가 여기 있다.

　사실 고난은 언제고 느닷없이 찾아온다. 전 세계가 우왕좌왕하는 가운데, 대한민국 정부는 2021년 11월 21일 전면등교로 결정하기까지 부분재개, 전면휴교를 반복하며 학교 문을 조심스레 열었지만, 그 이전 거의 1년 반을 학교폐쇄 상태로 있었다. 지금도 학교에 코로나 확진자가 발생하면 학교별로

부분적 등교중지 조치를 하면서 불안전한 학교재개 상황을 이어가고 있다. 백신 접종이 성인들에게는 의무사항이지만 15세 미만 아동에게는 접종에 대한 두려움이 있다. 그래서 아이들이 코로나 감염에 특히 취약하다. 교사나 학부모들도 마찬가지지만 지금도 아이들은 학교를 오가며 '오늘은 또 안 터지나' 두려워하는 한편, 수없이 PCR검사를 받으며 하루하루를 조심스럽게 보내고 있다. 잔뜩 위축된 상태에서도 아이들에게 학교는 신나는 곳이다. 교사도 아이들과의 만남이 좋다. 그럼에도 학교에 다시 온 아이들과 어떤 수업을 통해, 어떤 만남을 통해, 어떤 관계를 통해 이전의 교육공백을 메우고 새로운 교육공동체를 회복해야 할지가 걱정이다.

　이럴수록 가능한 소통의 길을 열고 적극적으로 대화에 나서야 한다. '마스크를 쓰고 대화가 살아있는 교실', 이것이 상징적으로 회복된 교실의 이미지다. 지금은 단순히 코로나 이전으로 돌아가는 수준을 넘어서 질적으로 승화된 다른 차원의 '공생의 친화공동체'로서 학교로 회복되어야 한다. 여기서 아이들이나 교사 모두가 코로나의 두려움과 공포를 함께 토론하고 공감하며 서로의 회복탄력성을 키운다. 나를 살리고, 우리 관계를 살리고, 우리 공동체가 정의롭게 이어지도록 하는 교육이 절망 속에서 움터오른다.

3장

사회정서학습(SEL)은
살림의 교육이다

1947년 발표된 알베르 카뮈의 『페스트』는 작금의 코로나 상황에서 볼 수 있는 다양한 인간들의 행적을 그대로 반영한다. 이 책은 2차 대전 후 알제리의 오랑이라는 작은 마을이 전염병 확산으로 봉쇄되면서 생겨나는 정황 속의 사람들을 다룬 상상소설이다. 그중 회생의 마지막 희망으로 혈청을 투여한 꼬마아이 필립 오탕의 죽음을 지켜보던 모든 사람이 오열하는 장면은 처절하고 인상적이다. 누구라도 그 장면에 있었더라면 '이 어린이가 도대체 무슨 벌을 받고 어이없이 죽어야 한단 말인가' 하고 한탄했을 것이다.

오늘날 코로나 팬데믹 상황에서 다양한 부류의 사람들이 극단적인 행태를 보여주듯이, 봉쇄된 마을 안에서 여러 유형의 사람들이 공생하는 것을 볼 수 있다. 코타르처럼 모두가 처한 비참한 상황에서도 불법을 저지르며 치부하려는 자, 파늘루 신부처럼 모든 것을 신의 계시로 믿고 신의 징벌을 받은 감염된 사람들은 각성해야 한다고 설교하는 자, 우연히 방문했다가 봉쇄된 지역에 남게 된 기자 랑베르처럼 내 일이 아닌 이방인으로 불행을 관조하며 떠날 날만 기다리는 자, 타루처럼 사람을 죽게 만드는 현실에 분노하며 사람 살리는 일에 적극적으로 나서는 자원봉사대 사람들, 그리고 사람 살리는 것이 천직이라는 소명감에 묵묵히 역병과 싸우는 일에 헌신하는 의사 리외 등이 공생하는 가운데 다들 자기만의 방식으로 두려움과 공포의 역병에 대처한다. 악몽의 1년여 시간 동안 많은 희생을 치르고 상처를 남긴 채 페스트는 사라지고 드디어 오랑은 전쟁과 같은 지옥생활의 봉쇄로부터 풀린다.

우리가 교육회복 프로그램으로 '페스트'를 가공하여 역할극을 한다면, 현 코로나 시국에서 누구처럼 어떻게 재난에 대응하며 살지를 잘 표현할 것이다. 아이들은 진지하게 다양한 플롯을 짜며 역할극에서 자기가 맡은 인물에 대해 성찰하면서 때론 갈등하고 화해하는 가운데 교육회복의 방향을 세울 것이다. 불의한 사회를 정의로운 사회로 변혁하려는 타루가 두려움과 공포에 빠진 작은 마을에서 불의한 돈벌이를 즐기는 코타르를 향해 뱉은 "어린이와 인간들을 죽게 하는 것에 마음속으로 동의했다는 것을 용서할 수 없다."라는 말로 코로나 상황에서의 기본적인 교육회복 방향을 설정할 수 있다고 본다.

코로나로 사회적으로 격리된 아이들의 마음이 찢어지고, 이성이 마비되고, 관계가 깨지고, 힘들어하는 교육환경에서도 나만 살아남겠다고, 우리 아이만은 우수한 교육을 받게 하겠다고 과외 시키고 학원 보내며 남이 공부 못할 때 나만 공부 열심히 해서 성적 올라 만족해하는 자세로 교육재난에 대처하는 것이 혹 코타르같이 행동하는 것이 아닐까? 타르의 살림의 자세는 교육회복에서 어떻게 하는 것일까? 아이들의 관점에서 죽임의 교육이 아닌 살림의 교육, 이것이 교육의 회복탄력성 방향이고 사랑노동자인 교사가 행해야 할 교육의 이상이며, 부모가 가정에서 움츠린 자녀들에게 해야 할 돌봄의 방향이다.

우리 학교는
살림의 교육을 하는가?

　　예로부터 전염병이 돌면 마을이 봉쇄되고, 때에 따라 지역을 불태우는가 하면, 그 지역 사람들은 주홍글씨가 찍힌 마녀사냥의 먹이가 된다. 코로나 초기 중국 우한이 그랬고, 이후 코로나가 한국으로도 확산되면서 많은 국가에서 한국인 출입을 막았다. 한국 내에서도 특정 종교와 연계된 대구지역이 그랬다. 세계적으로도 자신들의 안위를 해친다고 거론된 '위험한' 중국계 아시아인들이 혐오대상이 되어 극단주의적 폭력의 희생자가 되었다. 아시아인이라고 낙인된 사람뿐만 아니라 가게나 식당도 공격을 받았다. 이러한 적대적 혐오주의는 인종차별적 혹은 성차별적 혐오를 낳아, 미국에 사는 주류 백인들에 의해 흑인들도 극단주의적 폭력의 희생물이 되었다. 이러한 불안, 두려움, 공포, 불확실성 등이 낳은 묻지마 폭력은 이성을 마비시키고 정치적 포퓰리즘을 부추겨 사회안전망을 근본적으로 위협하게 된다.

　이러한 사회적 분위기는 학교교육에도 영향을 미쳐 학교를 폭력의 문화에 압도되게 만든다. 다들 화가 나 있어 보이는 불확실성과 불안, 공포의 사회에서 소리 지르고 벽을 높이며 자파(自派) 안에서는 무한히 인내하나 자파 밖 사람들을 향해서는 극단주의적 혐오발언과 폭력을 서슴지 않는 사회에서 아이들도 덩달아 자기 보호를 위해 힘만 키우려고 한다. 그래서 즐거운 학교, 행복한 학교보다는 학교괴담이 번지고, 교육의 본래 목적인 이성의 회복과는 거리가 멀다며 학교는 끝났다고 비판하는 풍토가 일면서 학교의 정상적 기능에 대한 회의론이 지배하게 된다. 그래서 지금 우리는 코로나 증상을 앓고 있는 아이들을 단순히 코로나 이전 상태의 교육수준으로 돌려놓는 것이 아니라 포용적 교육회복 원칙에 따라 재구성된 살림의 교육철학에 맞춰 아이들이 본래의 자기주도적 존재로 건강하게 성장하도록 정책을 세우고 집행해야 한다.

　2000년대 초부터 학생들 사이에서 나돌던, 누가 쓴 것인지도 모르는 아이들 시가 모두의 간담을 서늘하게 했다. "학생이라는 죄로, 학교라는 교도소에서, 교실이라는 감옥에 갇혀, 출석부라는 죄수명단에 올라, 교복이라는 죄수복을 입고, 공부란 벌을 받고, 졸업이란 석방을 기다린다." 나는 이 시를 1998년 서울에서 '학생인권선언' 작업에 참여할 때 들었기에 도시의 중고등학교 학생들 이야기라고 생각했다. 그런데 저 멀리 섬진강의 김용택 선생께서 시골 초등학교 3학년 아이들이 이런 노래를 부르더라는 이야기로 '10대가 아프다'를 시작하였다. 비교육적 학교환경으로 인해 학생인 것이 죄라니, 그래서 감옥에 강제로 갇힌 채 수형기간인 학창시절 내내 공부라는 벌을 받다가 졸업하면 석방된다는 이런 기막힌 교육괴담에 아이들이 수긍하는 교육을 우리가 강요하고 있었던 것이다. 지금도 감옥 학교에서 벌로 공부만 해야 하는 학생인 우리 아이들을 위해 '1986년 1월 15일' 스스로 삶을 마감한 중3 ○○양의 죽음을 돌아보고자 한다.

H에게

난 1등 같은 것은 싫은데, 앉아서 공부만 하는 그런 학생은 싫은데, 난 꿈이 따로 있는데, 난 친구가 필요한데, 이 모든 것은 우리 엄마가 싫어하는 것이지. 난 인간인데, 난 친구를 좋아할 수도 있고, 헤어짐에 울 수도 있는 사람인데 어떤 땐 나보고 혼자 다니라고까지 하면서 두들겨 맞았다. 나에게 항상 수단과 방법을 가리지 말고 이기라고 하는 분, 항상 나에게 친구와 사귀지 말라고 슬픈 말만 하시는 분, 그분이 날 15년 동안 키워준 사랑스런 엄마라니 너무나 모순이다.

순수한 공부를 위해서 하는 공부가 아닌 멋들어진 사각모를 위해, 잘나지도 않은 졸업장이라는 쪽지 하나 타서 고개 들고 다니려고 하는 공부 천만 번 해봐야 무슨 소용이 있고, 그렇게 헤놓고는 하는 짓이라고는 자기 이익만을 위해 그저 종이에다 글 하나 써서 모박사라고 거들먹거리면서 나라, 사회를 위해 눈곱만치도 힘써 주지도 않으면서 외국에서 하라는 대로 따라 하는 따위 공부만 해서 행복한 건 아니잖아?

공부만 한다고 잘난 것도 아니잖아? 무엇이든지 최선을 다해 이 사회에 봉사하고, 가난하고 불쌍한 사람을 위해 조금이라도 도움을 주면 그것이 보람 있고 행복한 거잖아. 꼭 돈 벌고, 명예가 많은 것이 행복한 게 아니잖아. 나만 그렇게 살면 뭐해? 나만 편안하면 뭐해?

매일 경쟁, 공부밖에 모르는 엄마. 그 밑에서 썩어들어가는 내 심정을 한번 생각해 보았습니까? 난 로보트도 아니고 인형도 아니고, 돌멩이처럼 감정이 없는 물건도 아니다. 밟히나, 밟히다 내 소중한 내 삶의 인생관이나 가치관까지 밟혀버릴 땐, 난 그 이상 참지 못하고 이렇게 떤다. 하지만 사랑하는 우리 엄마이기 때문에아, 차라리 미워지면 좋으련만, 난 악의 구렁텅이로 자꾸만 빠져들어가는 엄마를 구해야만 한다. 내 동생들도 방황에서 꺼내줘야 한다. 난 그것을 해야만 해. 그치? 행복은 성적순이 아니잖아? 난 그 성적순위라는 올가미에 들어가 그 속에서 허우적거리며 살아가는 삶에 경멸을 느낀다.

"전교 ○등, 반에서 ○등, 넌 떨어지면 안 된다. 선생님들이 널 본다. 수업시간에 넌 항상 가만히 있어야 한다. 넌 공부 잘하는 학생이니까 장난도 치지 마라. 다음번에 ○등 해라. 왜 떨어졌어? 친구 사귀지 마. 공부해! 엄마 소원성취 좀 해 줘. 전교 1등 좀 해라. 서울대학교 들어간 딸 좀 가져보자. 그렇게 한가하게 음악 들을 시간이 있으면 그 시간에 공부해."

매일 엄마가 하시는 말씀들. 자기가 뭔데 내 친구 편지를 자기가 읽는 거야. 그리고 왜 찢는 거야. 난 사람도 아닌가? 내 친구들은 뭐, 다 못난 거야? 그리고 왜 약한 사람을 괴롭혀? 돈! 그게 뭐야~ 그게 뭔데 왜 그렇게 인간을 괴롭히는 거야. 난 눈이 오면 한껏 나가 놀고 싶고, 난 딱딱한 공해보다는 자연이 좋아. 산이 좋고, 바다가 좋고, 하긴 지금 눈이 와도 못 나가는걸. 동생들도 그러하고 너무 자꾸 한탄만 했지, 그치? 졸업하면 나는 아예 그 먼 고등학교에 가서는 집에 갇혀서 죽도록 공부만 해야 될 것이다(으~ 끔찍하다).

난 나의 죽음이 결코 남에게 슬픔만 주리라고는 생각지 않아. 그것만 주는 헛된 것이라면, 난 가지 않을 거야. 비록 겉으로는 슬픔을 줄지는 몰라도, 난 그것보다 더 큰 것을 줄 자신을 가지고 그것을 신에게 기도한다.

1986년 1월 15일 새벽에

중3 여학생이 받은 공부라는 벌에 대한 압박이 결국 자기 꿈을 접고 스스로 삶을 마감하게 했다. 아이들은 학교에서 남을 이기고 남을 압도할 만한 힘이 되는 공부를 위해 죽도록 사역 당했다는 것이다. "죽음이 겉으로는 슬픔을 줄지는 몰라도 난 그것보다 더 큰 것을 줄 자신을 가지고 그것을 신에게 기도한다."는 순교자적 자살을 하게 만든 교육현실. 교육자인 우리는 모두 이 아이의 죽음에 가담한 죄인이다. 눈이 오면 나가서 친구랑 놀며 자연을 즐기고 싶고, 가난하고 불쌍한 사람을 위해 도움이 되는 사람으로 사회를 위해 힘쓰고 싶은 꿈과 감정이 있는 딸에게 사랑하는 엄마와 학교는 죽도록까지 공부에 갇히게 하는 사회·정서적 폭력을 휘둘렀다. 장난치지 마라, 놀지 마라, 한가하게 음악 들으며 시간 버리지 마라, 심지어는 친구 편지를 몰래 보고 찢어버리기까지…. 이 모든 것은 10대 청소년들이 가장 싫어하고 힘들어하는 인권침해 항목이다. 이러한 인권침해가 매일같이 학교에서 가정에서 일어나니 아이들은 지쳐 극단적인 선택도 감수할 수밖에 없게 된다.

오늘날과 같이 모든 아이가 6세가 되면 의무적으로 똑같은 학교교육을 받아야 하는 사회가 된 것은 그리 오래전의 일이 아니다. 나라마다 다르지만 지금 말하는 무상의무교육이 확립된 것이 서구는 산업혁명 이후이고, 우리나라같이 식민지를 겪고 해방되어 선진국의 지원으로 후발 산업국가군에 든 나라들의 경우는 2차 세계대전 이후에나 가능했다. 학교교육 제도화 초기만 해도 이러한 학교교육이 적어도 모든 아이의 몸과 마음 그리고 사회적 성장을 올바르게 이루도록 하여 궁극적으로 행복한 미래를 준비시켜 줄 것이라고 믿었다. 그래서 많은 인도주의 실천가들이 학교교육에 희망을 걸었다. 소수의 귀족층 자제들만이 아닌 모든 아이를 위한 도덕적 발달, 자아실현, 사회적 기여, 인간해방 등등이 교육의 목적으로 설정되고, 어떤 아이도 소외되지 않고 동등한 교육을 받을 권리가 국가교육과정으로 제도화되었다. 특히 노동계에서는 모든 아이를 위한 무상의무교육이 가장 중요한 사회적 진보의 징표라고 간주했다.

그러나 세계적으로 경제발전이 급속도로 이루어지면서 학교교육은 수익률 높은 투자로 환원되었고, 학교교육이 경제적 출세의 지름길로 부각되면서 역설적으로 학교교육이 아이들을 속박하기 시작했다. 부르디외가 비판했듯이 사회적·문화적 자본으로서의 학교교육이 제도화되면서 아이들은 학교에서 꿈을 키우기보다는 출세가 보장된다고 믿는 인적 자본으로서의 좋은 학벌을 갖기 위해 죽도록 공부만 할 것이 강요되었다. 그렇게 학교는 아이들에게 놀 자유, 생각할 자유, 자기다워질 자유가 속박당한 감옥으로 변질되었다. 김용택 선생은 아이들의 탈자연적 학교교육 상황을 이렇게 고발한다.

"학교에 가두고 학원에 가두어 두고 어른들은 놀랍게도 정답을 가르쳐주고 정답을 외우게 해서 한 개의 정답만이 맞다는 캄캄한 외통수 공부를 강요하는 것이다. 세상에 대해, 가족과 이웃에 대해, 자기들이 사는 세상에 대해 생각하고 고민하고 방황하는 인간들의 정상적인 활동을 무시해버리고 단 한 가지 정답만을 맞히게 하는 끔찍한 '경쟁의 우리'에 아이들을 가두어버렸다. 아이들이 그 감옥에서 짐승처럼 신음하고 있다."

공부를 잘했던 중3 아이를 자살하게 만든 죽임의 문화가 지배하는 학교교육은 아이들로 하여금 의미 없는 삶을 위해 힘든 일상을 포기하게 하고, 역경 속에서도 오뚝이처럼 일어나려는 의욕이 생겨나게 하지 않는다. 친구와 놀지 못하게 하

고, '쓸데없는' 생각을 하지 못하게 하며, 실존적 자기를 찾으
려는 노력을 비웃는 학교 감옥에서 외로운 아이들은 좌절하
고 분노한다. 학교 안팎에서 교육이란 미명하에 행해지는 많
은 것들이 아이들에게 자유롭게 사고하고 놀면서 자기를 발
달시켜 나갈 수 있는 여지를 빼앗아버렸다. 공부를 열심히 해
서 성적을 올리지 않으면 실패자가 되는 교육환경 속으로 아
이들을 몰아넣었다. 그 안에서 아이들은 괴롭다고 호소하지
만, 교사나 부모들은 아이들의 고민을 들어보려고조차 하지
않는다. 이 아이들은 상대적 박탈감에 짓눌려 나로부터, 친구
로부터, 교사로부터, 부모로부터, 사회로부터 소외된다.

　　본질적으로 죽임의 문화가 지배하는 학교에서 공부를 잘
하든 못 하든 아이들은 사회·정서적으로 위축될 수밖에 없
다. 자존감이 낮고, 대인관계에 자신이 없고, 사회문제에 냉소
적이고, 그러다 보니 책임 있는 자세로 문제 해결을 위해 적
극적으로 나서질 않는다. '모르는 것이 약이다'가 '아는 것이
힘이다'를 누른다. 이러한 학교문화를 변혁하기 위해서는 교
육돌봄 행위의 주체자인 부모와 교사들이 나서야 한다. 아이
들을 살릴 교육적 책임이 부모와 교사에게 그리고 공동체 시
민에게도 있음을 잊어서는 안 된다. ○○이의 자살 이후 아이
들을 더 이상 죽게 하지 말고 살리자는 교육민주화운동이 전
국적으로 일었지만 35년이 지난 오늘날에도 여전히 "행복은
성적순이 아니잖아요?"를 외치는 청소년들이 나를 의미 있는
존재로 인정해 주는 새로운 교육, 진정한 나의 행복을 위한

교육, 실존적 나를 찾을 수 있는 교육이 필요하다고 호소하고 있다.

코로나 팬데믹 이후 이런 학교에 가지 않아도 된 아이들은 처음에 너무나 좋았다. 코로나로 학교가 닫히자 그들은 처음엔 "앗싸!" 했다. 그런데 곧 열릴 줄 알았던 학교 문이 계속 닫히고 동네에 갈 만한 곳도 다 문이 닫힌 상태가 계속되자 학교가 그리워지기 시작했다. 학교에서 친구들과 노닐던 그때가 그리웠다. 감옥 같은 학교에서 맺어진 친구관계도 좋았다. 맛없다고 투덜거리면서도 다 같이 함께 먹던 급식도 먹고 싶어졌다. 싸우던 친구들도 보고 싶어졌다. 학교 가면 좋았지만 그런 재미없는 수업도 받고 싶어졌다. 온라인으로만 수업을 하니까 당장 확인할 수 없는 공부도 걱정되었다. 동아리 활동도 하고 싶어졌다. 부모들은 더 불안했다. 교사들도 걱정이 컸다. 학교폐쇄 국면에서도 교사들은 매일 학교에 나가 온라인 수업을 하며 학생 맞을 준비를 하였다. 교육정책 당국도 학교 재개를 더 이상 미룰 수 없는 지경까지 갔다. 그래서 학교 규모에 따라 등교, 부분재개, 완전휴교를 병행하다가 2021년 11월부터는 모든 학교에 등교를 원칙으로 했다. 확진자가 나온 학교는 부분적으로 휴교를 하지만 원칙적으로 모든 학교는 열기로 했다.

그러자 학교 문을 연다는 차원에서 학교교육 복구가 주목되었고 전반적인 교육회복 작업이 시작되었다. 코로나 장기화로 저하된 학력을 비롯한 제반 교육역량을 회복시켜야 한

다는 관점에서 2020년 초부터 국제기구에서 교육회복이란 용
어를 만들어냈고, 오늘날 '위드 코로나' 상황에서 교육이 가
야 할 방향으로 전 세계가 동의하는 듯하다. 하지만 여기서
분명히 할 것은, 교육회복이 코로나 이전의 감옥 같은 학교교
육으로 돌아가는 것은 아니라는 점이다. 코로나 팬데믹 상황
에서 학교에 못 간 아이들은 심심해서, 두려워서, 불안해서,
불확실해서, 불투명해서 거의 탈진 상태다. 어떻게 하면 코로
나 스트레스나 역경에 당당히 맞서 시련을 견뎌낼 수 있는 마
음근력을 갖게 할 것인가, 그러기 위해선 학교는 어떻게 복구
되어야 하는가가 현 단계 교육회복의 정책 방향이다. 모두가
동의하는 것은 정책도 중요하지만 더 강조할 것은, 코로나 위
기에 대처하려는 교사의 자발적 태도에 교육회복의 성패가
달려있다는 점이다.

살림의 교육을 향하여
교사는 피스메이커, 사랑노동자, 문화노동자로 거듭나자

교육부 「교육회복 종합방안」 보고 자료('21. 2학기 등교확대 후 집중지원 희망 분야 답변, '21.6.18. 그림 5)에서 보여주듯이, 교육회복에서 집중적으로 지원해 주기를 기대하는 분야는 교육주체별로 다르다. 코로나로 인해 문제되는 분야 중 학부모들이 제일 염려하는 것이 학력저하다. 코로나에서 기인한 것인지 아닌지 원인이 불분명하지만, 학부모나 교사들은 코로나로 인한 교육공백이 초래한 교과학습 결손을 어떻게 보완할지에 일차적인 관심을 보인다. 그래서 학교를 열고 다시 교실에 모여 공부만 시키면 코로나로 인해 학교에 못 가서 발생한 학력저하 문제를 해결할 수 있으리라 생각하겠지만, 정작 아이들은 학교에 못 가서 제일 힘들었던 것이 또래 친구들과의 관계 단절이다. 학교가 재개된다니까 "앗싸!" 했던 이유는 심심함을 풀 수 있고 친구와 선생님을 만날 수 있어서다. 그래서 아이들은 또래활동이나 학생활동 재개를 무엇보다도 기대했다.

그림 5 2021년 2학기 등교확대 후 집중지원 희망 분야 답변

실제로 '코로나19 학생 정신건강 변화에 따른 지원방안'(2022년 4월 13일 발표) 연구결과, 가장 심각한 것은 심리·정서적 불안이었다. 초등학생의 경우 27%가 우울감을 느끼고, 26.3%가 불안감을 느끼며, 중·고등학생의 경우도 다수가 우울증이나 불안감을 호소했다. 정부의 노력에도 불구하고 학업 스트레스를 느끼는 학생도 43.2% 증가하였다. 교우 관계는 전체적으로 31.5%가 더 나빠졌고, 선생님과의 관계도 20.3%가 이전보다 어렵다고 응답했다. 인터넷과 스마트폰 사용시간은 전 학생의 73.8%가 늘었다고 답하였다. 특히 초등 저학년이 심각했다. 심리·정서적 어려움이 있을 때 도움을 준 사람은 가족 67.9%, 친구 26.7%, 도와준 사람 없음 17.6%, 교사 10.6%, 전문가 4.1%, 기타 4.2% 등으로, 학교 기반의 전문

적 지원이 열악했음을 보여준다. 이에 유은혜 부총리 겸 교육부장관은 "이번 교육부 조사로, 길어진 코로나 상황이 학생들의 심리·정서에 부정적인 영향을 주고 있음을 확인할 수 있었다."고 했는데, 이는 향후 우리 교육회복 방향이 아이들의 심리·정서적 안정, 즉 회복탄력성을 높이는 방향이어야 함을 암시한다.

　　사실 교육이란 EGR, 즉 실존적 자기됨(existence), 개인의 성장(growth), 관계성(relationship)을 균형 있게 발달시켜주는 모두의 공동 자산(common goods for all)이다. 매슬로우나 알더퍼의 욕구이론에서 언급하듯이, 모든 인간은 성장과 관계성과 실존적 자기됨을 추구하려는 경향이 있다. 인간의 이러한 기본 욕구는 당연히 교육의 기본 방향으로 설정되어야 한다. 누구도 차별되지 않게 인간의 기본욕구에 따라 균형 잡힌 교육 자산을 부여받도록 노력해온 역사가 인권으로서의 교육권 형성사이다. 교육에서 성장이란 신체적 성장을 포함하여 인지적·사회적·정서적·도덕적 발달을 포괄하는 전인적 성장을 의미한다. 교육에서 사람됨, 즉 존재론적 자기성찰을 지속적으로 하게 하여 개인의 자유와 실존적 자기됨을 찾아가는 것은 도덕과 윤리 차원을 넘어서 교육의 궁극적 목적이다. 교육에서 사회적 관계 맺기는 공동체에서 살아가는 사회적 동물로서 인가이 갈구하는 기본적 욕구로, 근대 공교육 형성 이래 학교교육의 목적 중 하나인 사회통합과 사회화를 위해 요구되는 시민으로서의 자질이다.

학교와 가정, 지역사회에서 사회적 관계 맺기가 이루어지고, 주관적 자아와 객관적 자아가 충돌하면서 실존적 주체의식을 지닌 자아를 찾기도 하면서 자기다운 개인 성장을 이루어가게 하는 것이 교육의 힘이다. 조지 허버트 미드가 언급했듯이 아이들은 놀면서 친구와 상호작용하며 관계를 맺고 자기에게 맞는 사회적 역할을 찾아가는 과정에서 일반화된 타자의 눈에 비친 객관적 자아(me)와 주관적 자아(I)의 끊임없는 조율로 진정한 자아를 형성하게 된다. 친구가 보는 자기, 교사가 보는 자기, 부모가 보는 자기가 다 다를 수 있는데, 이것은 실존적 사기와 충돌할 수 있다. 그래서 학교와 가정 그리고 지역사회는 아이들이 상황에 따라 갈등하고 조정해 가면서 자신만의 나를 탄력성 있게 발달시켜 가도록 각자에게 맞는 자연의 속도를 보장해 주어야 한다. 이를 달리 개인차라고 할 수도 있다. 우리 아이 하나하나가 소우주이기에 각각은 자신의 성장과 주체적 자기됨 그리고 사회적 관계 맺음에 다른 속도가 필요하다. 이것이 살림의 교육에서 핵심이다.

그런데 학교교육이 자연의 속도보다는 경쟁의 속도에 맞춰 아이들이 제대로 숨도 쉴 수 없게 만들었기에 교육회복은 본질적으로 경쟁에 지친 아이들을 살리는 교육환경을 되찾게 해주는 것부터 시작해야 한다. 더구나 코로나로 인해 제대로 자기성장을 이룰 시간이나 공간도 없었고, 무엇보다 사회적 거리두기로 관계 맺기 자체가 불가능해져서 실존적 자기 찾기가 쉽지 않았기 때문에, 교육회복 국면에서는 차별화된 아이

들만의 속도를 보장해주는 새로운 하이브리드 수업환경 조성
이 필요하다.

　학교도 문을 열면서 복잡하다. 방역도 신경 써야 하고 사
회적 거리두기를 학교환경에서 재구성하는 것도 어렵다. 위
생관리도 힘들다. 보건교사도 바빠졌다. 보건교사가 없는 학
교도 있다. 정부는 학교가 알아서 하라고 하지만 학부모들의
요구는 끝이 없다. 무엇보다 코로나로 인한 교육공백이 야기
한 교육격차를 줄이고, 온라인 비대면 학습의 한계를 극복하
는 재미있는 대면수업을 진행해야 한다. 한편 학교가 닫혀 있
는 동안 발생할 수밖에 없었던 학력저하를 비롯한 사회·정서
적 고충 해소, 건강과 심신의 안정적 발달 및 사회적 관계 회
복, 그리고 사회적 취약 아동·청소년들에게만 부과된 선별적
교육복지의 한계를 포용적 틀로 개선하는 일 등, 해결해야 할
일이 너무 많다. 그런 현안과 아울러 근본적으로 교육계가 대
처해야 하는 것은, 코로나 위기가 지나간 뒤, 즉 포스트 코로
나 상황에서 이전의 왜곡된 교육체계 전반을 살림의 교육으
로 전환하여 아이들이 어떠한 사회적 어려움에 다시 부딪히
더라도 이에 당당히 맞설 수 있도록 종합적인 교육회복탄력성
을 구축하는 것이다. 이것을 교사 혼자서 할 수 있는 것은 아
니지만 교사의 헌신 없이는 코로나 교육위기를 극복할 수 없
다는 점에서, 교육회복탄력성을 가능하게 하는 교육적 전환
의 성패 여부는 본질적으로 변화된 교사의 역량에 달려 있다.
교사도 코로나 블루를 앓고 있는 시민이지만, 아이들의 코로

나 고충을 함께 풀어가는 과정에서 교사 역시 자신이 처한 코로나 블루를 헤쳐나갈 수 있을 것이다. 이를 위해서는 교사 자신의 역할을 과감히 전환해야 한다.

첫째, 코로나 상황에서 움츠린 아이들을 살릴 교사는 아이들의 행복과 안녕을 위해 지속가능한 미래를 예비해 줄 피스메이커다. 피스메이커로서 교사는 아이를 있는 그대로 수용하며 아이의 영혼을 죽이는 비교우위 발언을 피하고 아이만의 독특한 점들을 신장시켜주는 아이 지지자(child supporter)여야 한다. 코로나 정국이야말로 왜 교사가 되고 싶었는지 고민해야 할 시점이다. 코로나로 힘들어하는 아이들이 눈에 들어와야 피스메이커로서 교사다. 코로나 상황에서 아이들은 두렵고 떨린다. 심심하기도 하다. 외롭다. 베티 리어든은 두려움과 공포, 외로움을 이겨낼 적극적 대화를 피스메이커인 교사가 열어야 한다고 강조한다. 대면이든 온라인이든, 개별이든 집단이든, 혹은 상담실에서든 대화의 방식은 다양하다. 아이 목소리에 귀 기울이는 교사가 교육회복을 말할 수 있다. 그러면서 교사도 학생으로부터 배운다. 다 같이 교학상장(敎學相長)하자. 교사와 학생 모두가 가르치면서 배우는 강학(講學)이 되면 서로가 발전한다.

오늘날 학교는 대부분의 나라에서 국가교육과정에 따라 아동·청소년의 전인적 발달을 이룰 수 있도록 교육하는 공공기관이다. 페스탈로치, 루소, 듀이 등이 주장했듯이 교육은 아이를 중심에 놓고 아이다움을 살리는 자연의 속도에 따라 전면적으로 발달시키는 교육이어야 한다. 이러한 살림의 교육은 아이들의 행복을 찾아주는 평화의 교육이다. 아이들에게 평화는 있는 그대로의 자기를 봐주며 나만의 특성을 인정받는 것이다. 아이 하나하나가 다 다르고 소중하다는 것은 상식이다. 비교우위를 전제로 아이의 특성을 폄하하는 교사나 부모 앞에서 아이들의 평화는 폭력적으로 무너진다. 다름을 인정하지 않고 비교우위를 정해 순위를 매겨 자기비하 하도록 하는 것은 폭력의 문화다.

그런 교육환경에서는 아이들이 폭력적이 되고, 이기려고만 하고 남을 배려하지 않아 결국 상대화된 자기도 점차 쪼그라지면서 스스로를 파괴한다. 명령이 없으면, 채찍이 없으면 아이 스스로 자발성이 형성되지도 않는다. 그러는 사이 아이만의 개성은 죽어간다. 평화의 교육은 빨리 공부 열심히 해서 일등 하라는 것도 아니고, 생태학자들이 말하는 느림의 교육만을 의미하지도 않는다. 자기만의 특성인 자연의 속도에 맞추며 자기 성장을 이루어가는 한 사람으로 평화롭게 살아가는 미래를 준비하게 하는 교육이 살림의 교육이다. 아이들의 이런 성장을 보면서 기쁨을 함께 느끼고, 아이의 소리에 귀기울이며 공감하는 교사가 되고 부모가 되어 힘든 아이들을 포용하는 비폭력적인 피스메이커만이 교육회복을 정의롭게 이룰 수 있게 한디.

둘째, 교사는 아이들을 교육하며 돌보는 전문적인 사랑노동자다. 캐더린 린치에 의하면 사랑노동은 일차적이고 친밀한 관계의 세계로서 애착, 상호의존, 깊숙한 관여와 몰입이 포함된 부모-자녀 관계를 일컫는다. 여기서 교사를 사랑노동자로 재개념화한 것은, 학교교육을 경제적 생산성을 위한 훈련으로 간주한 인적 자본론이 지배하는 경쟁적 풍토를 배려와 돌봄 기반의 정동적(靜動的) 평등이 추구되는 사랑노동의 장으로 전환하자는 의미에서다. 가르치는 자와 가르침을 받는 자 혹은 돌봄수행자와 돌봄수혜자로 이원화된 틀이 아닌, 돌봄과 교육이 동시에 이루어질 수밖에 없는 학교라는 공간에서 가르치는 돌봄수행자로서 교사는, 교육과 돌봄을 받는 아동·청소년과의 친화적 관계를 전제로 존재해야 한다. 부모-자녀 관계 못지않게 교사-학생 관계도 애착, 상호의존, 깊숙한 관여와 몰입이 없으면 비인격적 수직관계로 물신화된다.

이미 학교에서 돌봄기능은 교육기능보다 우선시되는 경향이 있지만 교사들은 교육과 돌봄을 분리하려는 경향이 있다. 교육의 미래에서 교육과 돌봄은 정동적 평등의 주제로 이미 통합되어 있다. 교사의 책임 중 학생을 돌보고 배려하며 사회·정서적 안정을 유지하게 하는 것은 교과교육 전수와 함께 기본이다. 특히 코로나 상황에서 모든 아동·청소년에 대한 돌봄 요구는 학력손실 보완 이상의 사회적 요구다. 현재 돌봄 인력이 별도로 학교에 배치되고 있긴 하지만 교사가 학교교육의 돌봄 기능을 적극 수용하며 아이들을 위해 돌봄수행자들과 협력하는 것이 매우 필요하다. 또한 사랑노동자로서 교사는 자기 자녀들을 위해 교육적 돌봄노동을 해야 하는 학부모들과 끊임없이 상호작용하면서 아이들이 교육과 돌봄에서 소외되지 않도록 세심하게 배려하는 자세가 무엇보다 요구된다.

　　물론 취약집단일수록 코로나 상황뿐 아니라 일반 경쟁구조에서 더 소외되고 방치되어 있다. 불평등한 자원은 사회적 취약집단에게 더욱 가혹하여 돌봄자원이 결여된 가정에서 정동적 평등은 보장되지 않는다. 대체로 집에서 교육적 돌봄노동에 종사해야 할 부모들은 교육과정에 대한 이해가 없어 아주 힘들다. 이주가정이나 장애자녀를 둔 가정은 더욱 심각하다. 부부간에 사이가 좋지 않은 경우 가정 내 폭력은 심각하고, 아이들은 그러한 가정폭력에 무방비 상태로 노출되며 아동학대로 이어진다. 사실 교육과 돌봄은 사회적 배려 대상 아동·청소년에게만 해당하는 특수한 선별복지 영역이 아니다. 모든 아동·청소년은 코로나 상황에서 '집콕'해야 했던 상황에서 교육과 돌봄의 배려 대상이다.

　　예로부터 교사란 아이들을 사랑으로 품고 미래의 시민으로 성장시킬 책임을 지닌 공인으로서 사회적으로 존경받아 왔다. 전통적으로 성직자적 교사관, 전문직 종사자로서 교사관 혹은 임금노동자로서의 교사관이 대립하고는 있지만, 대부분 나라에서 오늘날의 교사는 교육 전문 노동자로서의 집단 정체성이 강조되면서 아이들을 교육하는 도덕적 교화자로서의 공공성이 상대적으로 경시되고 있다. 1966년에 발효된 유네스코 '교사 지위에 관한 선언'은 교육노동자로서의 시민적 권리와 아동의 학습권을 보장하는 사회적 책임의 균형을 강조했다. 이에 따르면, '교사'라 함은 학교 내에서 학생의 교육에 책임을 지고 있는 사람으로, 일반 시민적 제 권리를 보장받는다. 여기서 "교육은 모든 수준에서 인권 및 기본적 자유에 대한 깊은 존경심을 불어넣어 주는 동시에, 인격의 전면적인 발달을 도모하고, 공동사회의 정신적, 도덕적, 사회적, 경제적 발전을 지향하여야 한다. 그리고 이와 같은 가치관의 테두리 안에서 교육이 평화에 공헌하며, 모든 국가와 민족 또는 종교집단 간의 이해와 관용 및 우의 증진에 기여해야 한다는 점이 가장 중요시되어야 한다."고 밝히고 있다. 담당 교과에 대한 교사들의 전문적 지식과 역량, 사회적 기여 및 학생들에 대한 인격적 자세가 종합적으로 아이들에게 상당한 영향을 미친다는 점은 부언하지 않아도 되는 상식이다. 경쟁적 학교환경에서 옆도 보지 말고 앞만 보고 뛰라고 교육하는 패러다임을 바꿔 학생 개개인의 전면적 발달을 도모하는 전인교육이 되도록 그리고 평화, 관용, 우의증진에 기여할 수 있는 따뜻한 인간으로 성장하도록 사랑노동자로서 교사가 아이들을 살리는 일에 앞장서야 한다. 아이들의 성장을 통해 그 기쁨을 공유하는 희망의 교사는 자신도 살리고 아이들도 살리는 사랑노동자로 자기 성장도 도모할 수 있다.

　셋째, 사랑노동자로서 교사는 희망을 잃지 않는 긍정의 세계관을 지니고 사회변혁에 참여하는 능동적 시민이다. 능동적 시민으로서의 교사는 자기가 속한 공동체를 보다 정의롭게 만들어 가는 시민으로서 학생들과 함께 행동해야 한다.

코로나 팬데믹 현상에 대한 두려움과 공포로 이성이 마비될 수 있기에 학교에서는 비이성적 혐오주의가 판치는 SNS나 정치·사회적 음모에 대한 비판적 사고훈련이 이루어져야 한다. 코로나 팬데믹의 실상은 어느 정도인지, 가짜 뉴스가 왜 돌아다니고 사람들은 왜 현혹되는지, 백신은 왜 맞아야 하는지, 위험한 사람들은 누구인지, 가난한 국가에 대한 국제연대는 어떻게 해야 하는지 등등에 대한 적극적 시민교육이 아이들 수준에 맞게 제공되어야 한다. 그래서 각종 감염병 확산을 막는 보건안보를 비롯하여 사회적 안전망을 구축할 수 있도록 적극적 시민행동을 하게 하는 것이 요구된다. 교사가 이러한 시민행동에 앞서야만 아이들도 동참한다. 사실 학교에 못 나오는 격리된 아이들은 불확실한 미래에 대한 공포가 있다. 두렵다. 속상하다. 내 잘못은 없다. 그래서 누군가의 잘못이라고 비난을 쏟아 놓을 가상의 적이 필요할 수도 있다. 쉽게 혐오그룹에 동조할 수 있는 환경이 이미 만들어져 있다. 온라인 학습으로 늘 켜진 컴퓨터 앞에서 익명으로든 아니면 간단한 인증절차를 거쳐 쉽게 문제 사이트에 접속될 수 있다. 문화노동자로서 교사는 이러한 개연성을 비난보다는 이해하며 아이들을 보호하는 적극적 유해환경 지킴이를 해야 한다.

    교육은 아는 것을 행하게 만들어 정의로운 사회 형성에 이바지하게 하는 인간해방의 변혁적 속성이 있는 한편, 소위 바람직한 인간행동의 학습을 통해 사회통합에 기여하게 함으로써 사회적 안정을 구축하게 하는 사회보존의 특성도 있다.

교육의 변혁적 속성과 사회보존의 속성을 통해 교차적으로 사회변혁을 이끌어내기도 하거나 기존 체제 유지와 재생산에 기여하면서 사회변동에 교육이 관련되는 것이다. 산업화 이래 교육을 통해 경제적 효율성을 갖추려는 파워엘리트들의 교육 지배 전략으로 교육을 통한 경제수익성을 부각했고, 그 결과 출세를 위한 과도한 입시경쟁교육이 아이들을 힘들게 했음은 주지의 사실이다. 개인 간, 집단 간, 국가 간, 체제 간 경쟁이 인간사회에서 불가피하겠지만 본질적 자기 역량을 극대화하는 선의의 경쟁을 넘어 피 말리는 파괴적 경쟁은 누구에게도 이롭지 않다. 이러한 교육경쟁에 자본주의적 지배분할 논리가 접목되어 있어, 오늘날 학교교육은 기후변화나 경제적 양극화의 심화에 따라 더욱 위태로워지는 지구촌의 지속가능한 미래에 관한 문제나 평화와 인권 같은 인류 보편적 문제를 거의 다루지 않게 된다. 그럼에도 경쟁사회에서 더 큰 파이만을 추구하며 인간의 내재적 폭력성을 전제하는 신자유주의적 주류교육에 대항하여 더 정의롭고 평화로운 사회로의 변혁에 대한 희망을 가지고 아이들을 교육하자는 일련의 대항 목소리가 있는 현실은 상당히 고무적이다.

파울로 프레이리는 교사를 문화노동자로 정의한다. 교사는 자신이 속한 집단의 가치와 신념, 문화체계를 학생의 세계에 개입하여 전달하는 문화노동자이기 때문에 교사의 문화체계는 아주 의미 있게 해석되어야 한다. 그래서 교사가 보수적 교육관을 갖고 학생에게 침묵의 문화를 강요하며 입시에 필요한 지식을 예탁시키는 수동적 교육을 하느냐, 아니면 학생을 변혁의 주체로 인정하여 학생의 경험과 세계를 상호 교류시키는 대화를 통해 사회적 문제 해결에 참여하는 변혁적 시민교육을 하느냐에 따라 교육의 미래는 변화부동이거나 아니면 얼마든지 우리 힘으로 변혁하여 정의로운 세계를 향해 나아갈 수 있다. 여기서 관건은 교사가 희망의 교육을 해야 한다는 것이다. 침묵의 문화를 벗어나 두려움을 떨치고 비판적 성찰과 자유로운 행동을 통해 정의로운 미래를 열어가도록 교사 스스로 행위주체자인 실천적 시민으로서 학생과 함께 프락시스를 주도한다는 해방교육은 좀 더 진전된 미래로 아이들을 이끌 수 있다. 프레이리의 대화가 모든 것을 해결할 수는 없지만 적어도 아이들이 폭력적 극단주의에 휩쓸리는 것을 막을 수는 있다. 그러면서 차후 해결책을, 집단적 해결방안을 다 함께 모색할 수 있게 한다.

　피스메이커로서, 사랑노동자로서, 문화노동자로서 교사는 미래세대를 위한 희망을 향해 불행에, 고난에, 슬픔에, 억울함에 담대하게 대처할 수 있는 오뚝이 같은 회복탄력성을 교육에 연동시켜야 하고, 이것을 사회정서학습으로 길러주어야 한다.

사회정서학습(SEL)으로
교육회복탄력성을 키우자

　최근 관심이 일고 있는 사회정서학습(social and emotional learning, SEL)을 종합적으로 정의하자면, SEL은 자기이해, 타인이해 그리고 사회적 관계맺기를 통해 건강한 자아정체성을 확립함으로써 자기주도적 삶을 준비하며 나아가 비판적 성찰과 적극적 참여를 통해 책임 있는 시민으로서 사회적 기여를 할 수 있도록 정서적·사회적·인지적 발달을 통합적으로 학습하는 적극적 시민교육이다. 한마디로 나와 너, 세계를 통합적으로 이해하여 변혁적 행동으로 나아가게 하는 적극적 시민교육이다.

　유네스코와 OECD는 코로나 팬데믹 상황에서 움츠려진 아동·청소년들의 회복탄력성 회복을 위해, 지역사회-가정-학교의 유기적 협력관계 구축을 통해 안전하고 건강한 지역사회교육공동체에 기여할 수 있도록 SEL의 활성화를 지속적으로 언급해 왔다. OECD와 EI는 '교육회복 10대 원칙'의 6번째로 "학생들의 학습과 사회·정서적 욕구를 충족하는 맞춤형 지원을 제공할 것"을 제시한다. 유네스코는 2015년 PVE-E(Prevention of Violent Extremism through Education, 폭력적 극단주의 예방교육)를 강조한 이래 전 지구적 위기에 대처하고 청소년의 전인적 발달을 위해 일관되게 SEL을 중요한 시민교육 프로그램으로 언급해 왔다. 그래서 인도의 유네스코 간디평화교육센터에서는 전 세계 어디에서나 누구나 교육회복을 위한 SEL 연수를 받을 수 있도록 프로그램을 자유롭게 개방하고 있다.

한국에 있는 유네스코 아시아태평양 국제이해교육원(APCEIU)에서도 2021년 4주에 걸쳐 SEL 집중연수를 제공한 바 있다. 한국에서는 대부분 심리학과 교수들이 '인성교육진흥법'의 내용과 연동시켜 일부 대학을 중심으로 SEL의 개념과 프로그램을 소개하였으나 지금은 다소 소원한 상태다. 그러다가 최근 대안학교 '별'을 운영하는 김현수 정신과 의사가 확대된 청소년 프로그램의 일환인 '미래인재의 핵심역량'이란 제목으로 학부모연수 및 교사연수에서 SEL을 언급하였다. 주지하듯이, SEL이 코로나 팬데믹 같은 글로벌 위기에 대처하는 적극적 교육회복 프로그램으로 언급되고 추진되는 국제사회 동향에 비해, 우리나라에서는 SEL을 스트레스로 인해 불안한 청소년들이 심리적 안정 및 사회성 발달이라는 협소한 개념으로만 이해하며, 주로 심리·정서적 안정과 발달 차원에서 소개하는 경향이 있다는 점에서 아쉬움이 남는다.

　　사실 SEL은 아동·청소년의 사회·정서적 발달을 위협하는 미국 사회의 총체적 난국에 적극적으로 대처하는 통전적(hoilistic) 시민교육의 일환으로 시작되었다고 보는 것이 정확한 이해일 것이다. 미국에서 시작한 SEL은 1960년대 사회적 불안에 노출된 저소득층 흑인 아동·청소년들의 사회·정서적 요구에 초점을 맞춘 학교프로그램으로, 이들의 종합적 발달을 지원하는 예일대학 제임스 코머(James Comer) 교수팀의 프로젝트였다. 예일대학 근교의 뉴헤이븐 학교를 사회정서학습 협력학교로 지정하여 교육성과를 모니터링했는데, 학교폭력이 줄어들고 학력이 현저히 향상된 것으로 나타났다.

　　이러한 임상 결과를 토대로 1994년 사회정서학습 협력교수진(Collaborative for Academic, Social and Emotional Learning, CASEL)이 SEL의 기본 모형(그림 6)을 만들어 발전시켜가면서 본격적인 활동을 시작하였다. 1990년대 미국 내 저소득층 아동·청소년의 사회통합문제가 지속적으로 제기되고 교내 총기사건이 빈발하여 아동·청소년들이 불안전한 지역사회와 학교에서 두려움과 공포에 떨게 되는 상황이 반복되자, 사회정서학습을 통한 이들의 회복탄력성 신장이 중요한 과제로 떠올랐다. 무엇보다 통전적인 사회정서학습을 통한 자존감 및 자기관리능력 제고, 사회적 관계 맺기와 비판적 사고를 통한 책임 있는 시민적 자질 함양, 이의 귀결로 학업성취 능력 향상 등이 긍정적으로 평가되면서 SEL은 전미 지역으로 확대해 갔고, 캐나다를 비롯한 유럽국가에서도 SEL이 인지발달에 치우친 학교

교육 및 심리상담 프로그램의 한계를 넘어설 수 있는 전인발달 프로그램으로 각광받았다. 이후 SEL은 사회·정서적 스트레스를 덜 받을 수 있도록 지역사회-학교-가정의 연계환경을 조성해 줌으로써 아동·청소년들의 학업성취도를 높일 수 있는 방법으로 공인되면서, 일부 지자체에서는 제도적 지원을 받는 교육 프로그램으로 자리잡았다. 이런 맥락에서 2020년 이후 장기화된 코로나 팬데믹 상황으로 말미암은 지구재난이나 사회적 불안 등으로 두려움에 떠는 아동·청소년 및 부모와 교사들을 위한 사회정서학습의 필요성이 강조되면서, 국제기구에서도 사회정서학습을 통해 자기긍정성 확대 및 학력손실 보전에 자기주도적으로 대처하도록 여건을 조성할 것을 요청하고 있다.

　　한 예로 미국 일리노이 주교육위원회에서는 SEL을 K-12 고등학교 교육과정 표준으로 설정하고 있다. 여기서는 CASEL의 5개 구성요소를 3개로 재구성하여 주요목표로 삼고 있다.

- 학교와 자기 인생에서 성공을 이룰 수 있도록 자아인식과 자기 관리 역량을 개발한다.
- 긍정적 관계를 수립하고 유지할 수 있도록 사회적 인식과 대인관계 기술을 활용한다.
- 개인, 학교, 지역사회 맥락에서 책임 있는 행동과 의사결정능력을 보여준다.

그림 6 사회정서학습 협력교수진(CASEL)의 SEL Framework(2020)

그림 6에서 보듯이, CASEL이 개념화한 SEL의 5개 구성
요소는 자기인식, 자기 관리, 사회적 인식, 관계기술 그리고 책
임 있는 의사결정 등이다. 5개 구성요소는 일리노이 주교육위
원회가 3개로 재구성했듯이 자기이해, 타인이해 그리고 시민
으로서의 공동체적 책무로 대별할 수 있다. SEL은 내재적 동
기가 내포된 개인적 목표인 자기인식과 관리에서 시작한다.
긍정적 자아개념을 발달시키고 자신의 감정을 아는 기술부터
출발하여, 자신의 정서를 조정하고 자기 행동을 모니터링하
는 자기관리로 나아간다. 사회적 인식은 타인의 정서와 사회

적 상황을 인식할 수 있는 능력을 말한다. 관계기술은 관계를 향상시키고 그 안에서 소통할 수 있는 역량이다. 책임 있는 의사결정능력은 문제해결능력과 스스로 책임질 수 있는 시민적 자세를 보여주는 역량이다. SEL은 학교에서뿐만 아니라 졸업 이후의 생활에서도 사회·정서적으로 건강한 삶을 살아가도록 돕는 철학적 기제다. SEL은 교과와 연동되어 교실활동에서 다뤄지고, 전 학교 차원에서(whole-school approach) 학교문화나 정책으로도 이루어지며, 진정성 있는 파트너로서 가정이나 돌봄수행자도 참여하며, 학습기회를 제휴하는 지역사회도 관여한다.

　　SEL의 효율적인 안착을 위해서는 무엇보다 교사의 적극적인 이해와 자세가 필요하다. 교과교실에서뿐만 아니라 다양한 학교활동 및 지역사회 평생교육 프로그램에서도 시도할 수 있다. 일상생활과 밀접한 주제로 실질적인 성과를 내기 위해서는 팀워크, 시간관리, 소통기술 등이 체계적으로 관리되고 최종 학습자인 학생에게 잘 전달될 수 있도록 지속적이고 긍정적인 관계를 세워야 한다. SEL이 한두 번의 이벤트성 활동으로 인식되어서는 안 된다. 무엇보다 개별 학교나 지역사회 맥락에 맞게 SEL의 구성요소를 재구성해야 하는데, 여기서 도달하려는 교육목표가 분명해야 하고 학습기준과 성취요소가 구체적으로 서술되어야 한다. CASEL은 모든 아동·청소년의 건강한 발달을 지지해 주는 것이 SEL의 목적이기에 당연히 인지적, 사회·정서적, 신체적 균형 발달을 이루도록 적극적으로 지원할 것을 강조한다. 이런 맥락에서 간혹 SEL이 결

과적으로는 학업성취 향상을 목표로 하는 것이 아니냐는 반
론도 있으나 전제가 다르다. 학업성취 향상이 일차 목적이 아
니라 건강한 자기정체성을 근거로 학업성취 욕구를 갖게 되
면 그 아이는 적극적으로 최선을 다해 인지발달에 매진하게
되고 그 결과 학업성취 향상으로 나타난다는 것이다. 미국 내
흑인 저소득층 청소년들이 SEL을 통해 자신감과 소속감을 갖
게 되면서 미래에 대한 희망을 표현하게 된 것은 학업성취 향
상과 다른 차원의 긍정적 성과다.

코로나 상황에서
SEL을 통한 교육회복

　전 세계적으로 아동·청소년기를 2년 이상 코로나 상황에서 보내게 될 아동·청소년들은 코로나 팬데믹으로 그늘진 '잃어버린 세대', 즉 코로나 세대로 불릴 것이다. 유네스코에 따르면 지난 2년간 전 세계 학교 아이들의 90% 넘는 아동·청소년들이 학교 폐교와 부분재개 및 재개 등의 조치로 불확실한 하루하루를 보냈다. 코로나 변이가 기승을 부리는 지금, 앞으로도 학교가 어떻게 될지는 불확실하다. 우리나라에서는 코로나로 통칭해서 부르지만 공식명칭은 COVID-19이다. WHO에서는 이 감염병의 공식 명칭 외에 불확실한 발생지를 거론하지 말아야 한다고 경고해도, 일부 인종주의적 편견에 사로잡힌 이들은 '우한 바이러스', '인도 델타', '남아프리카 오미크론' 하는 식으로 명명한다. 학교는 이러한 편견과 불확실한 정보로부터 아이들을 보호하는 일부터 해야 한다. 사실 2020년

3월 이것이 팬데믹으로 선언되고 감염병의 위중성과 경로 그리고 백신의 의학적 효과가 제대로 검증되었는지도 불확실한 상태에서, 교육계가 확실하다고 동의한 것은 '아이들이 학교에 모이는 것은 위험하다'는 것이었다. 그래서 아이들의 안전을 위해 학교 문을 닫기로 했다. '잃어버린 세대'인 아동·청소년의 가장 큰 특징은, 코로나로 학교를 제대로 다니지 못하고 대면학습이나 대면 활동을 하지 못했다는 것이다. 학교를 다니지 못하고 집에서 인터넷으로 공부한 세대, 하루종일 온 식구가 집에서 같이 있어야 하는 상황, 방문자도 맞이할 수 없고 필요한 것을 대부분 배달시켜 어마어마한 쓰레기를 배출하며 살아야 하는 상황. 그 결과 아이들이 지역사회에서 갈 만한 대부분 장소도 문을 내린 상태라 어디 가서 친구와 관계 맺기를 할 수 없는 사회적 격리는 학습결손 이상의 정신적·신체적·사회적·도덕적 손실을 야기한다.

　　2년이 지난 지금은 코로나19의 감염병 등급도 낮아졌지만, 여전히 상당수의 확진자가 나오며 사망자도 발생하고 있다. 코로나가 아직 끝나지 않았다는 생각에 대부분의 사람들은 마스크 벗기를 주저한다. 지금 활성화된 신종 코로나 변이인 오미크론은 증세가 감기와 비슷하여 겁먹지 않아도 된다는 분위기에 거리의 사람들은 웃음을 되찾고 있지만, 학교는 여전히 위축되어 있다. 교육회복은 이렇게 위축된 교육환경을 극복하게 하는 종합적 방안이어야 한다. 우리나라뿐 아니라 전 세계 교육보고서가 공통적으로 말하고 있듯이 코로나로 인한 학생들의 심리·정서적 불안은 심각하다. 교사와 학부모 및 지역사회도 마찬가지다. 코로나로 쪼그라진 일상을 완전히 회복하는 데는 코로나로 고통받은 기간 이상의 기간과 노력이 필요하다.

여기서 분명한 것은, 학교교육 중단으로 인한 격리나 학교재개 상태라도 활발한 대면활동이 제한되는 상태에서 오는 고립 스트레스가 심해진다면, 인지·심리·사회적 발달의 지연은 불가피할 뿐만 아니라 심지어 정신질환 발병 및 수명 단축 가능성도 높아질 수 있다는 점이다. 오랜 격리생활 속에서 아이들의 감각기관 발달도 저하된다. 특히 온라인 수업이 지배적인 구조에서 시력이나 청력 감퇴 문제는 심각하다. 신체활동의 약화로 인해 신체적 발달 손실도 크다. 이렇게 학교생활을 잃어버리고 전인적 발달을 제약받은 세대는 상당한 경제적·사회적 손실 문제를 안고 살아갈 수밖에 없다고 전망된다.

여기서 주목할 또 하나의 문제점은, 코로나로 말미암은 여러 가지 손실 중 하나로 계층 간, 지역 간, 국가 간 편차가 심히 우려할 수준이라는 점이다. 부유층과 빈곤층 가정 자녀들 간의 교육성취 격차가 더욱 벌어지고 있다. 부모가 주도하는 홈스쿨링, 즉 자녀에 대한 교육돌봄이 가능한 중산층 가정의 자녀들은 학업결손 없이 오히려 쾌적한 가정환경에서 행복한 시간을 보낼 수도 있지만 교육 돌봄 지원이 부족한 가정의 자녀들은 교육적·사회적·심리적·신체적 손실의 폐해가 아주 크다. 가용 인터넷 장비의 격차도 교육격차를 낳는다. 와이파

이를 켜는 것도 자유롭지 않은 환경의 아동·청소년들과 개인 컴퓨터를 두세 대씩 갖고 마음껏 인터넷을 할 수 있는 아이들과의 편차는 상상을 초월한다.

오만 가지 온라인 정보에 노출되는 환경도 무방비다. 부자 국가들은 국가 차원에서 온갖 재정지원을 통해 다양한 노력을 시도한다. 하지만 가난한 국가의 아이들은 가정이나 학교 그리고 지역사회 어느 곳도 안전이 보장되지 않은 채 교육적 보완을 기대할 수 없는 환경으로 방치될 수밖에 없다. 국제기구에서 글로벌 연대를 호소하지만, 이것이 세계시민교육의 주제로 부상하기까지 국내 갈등요소가 너무나 커서 합의도 쉽지 않다. 결국 백신민족주의의 해악뿐만 아니라 코로나 팬데믹 상황에 대처하는 글로벌 환경은 인류공영에 이바지해야 한다는 학교교육의 목표를 낯설게 만든다. 그래서 스테파니아 지아니니 유네스코 사무총장보는 글로벌 현안인 코로나 팬데믹에 대처하기 위해 포용(inclusion), 회복탄력성(resilience) 그리고 변혁(transformation)을 근간으로 학교교육의 목표가 재설정되어야 한다고 단언한다. 그리고 교육회복 방향은 다음 세 가지 당면과제 해결에 집중해야 한다고 주장한다.

- 어느 누구도 소외되지 않고 안전하게 학교를 재개하고, 학습자와 교사 모두의 건강과 복리를 보호할 수 있는 방안을 마련한다. 특히 취약가정엔 현금지원도 하고, 아동의 보완학습도 지원한다. 그리고 학교 보건과 급식 수준을 향상시켜 아래가 단단한 교육

회복이 되도록 한다.
- 보건안보에서 환경안보에 이르기까지 다가올 미래의 충격에도 위축되지 않고 회복탄력적인 균형(resilience)을 세우도록 하는 것을 교육회복의 원칙으로 삼아야 한다.
- 학습자들에게 보다 지속가능하고 정의롭고, 평화로운 미래를 구축할 수 있는 역량개발을 위한 교육이 보장되어야 한다.

인류 역사상 전대미문의 코로나 팬데믹에 의연하게 대처하고 사회·경제적, 교육적 충격을 흡수하도록 자기에 대한 적극적 이해와 관리역량을 갖추고 사회적 관계를 회복하며 새로운 시대가 감당해야 할 기후변화와 경제적 양극화 같은 문제에 대해 비판적으로 사고하고 책임 있는 의사결정을 할 수 있도록 적극적 시민교육이 필요하다는 것은 두말할 필요가 없다. 유네스코는 선진국들이 자국 아동뿐만 아니라 저개발국의 교육재건을 위해 글로벌 교육협력(GPE, Global Partnership for Education)에 참여하라고 독려하면서 코로나 팬데믹에 적극적으로 대처할 수 있는 세계시민교육의 필요성을 강조한다. 세계 모든 아동이 코로나 팬데믹에도 안전하게 배우고 성장할 수 있는 환경을 만들어야 한다는 관점에서 유네스코를 비롯한 국제기구는 학교를 열어 교육공백으로 빚어진 학력지하 문제를 보완하며, 사회·정서적 고통 등을 치유하고 회복탄력성을 갖추기 위해 사회정서학습을 시도하도록 권장한다.

유네스코 간디평화교육센터(UNESCO Mahatma Gandi Center for Peace and Sustainable Development, MGCPSD)는 불확실한 격리로 고통받는 아동·청소년들과 교사들이 스트레스와 불안에 대처할 수 있고 지역사회가 불관용, 인종차별주의 및 외국인 혐오주의 그리고 각종 혐오범죄의 유혹에서 벗어나도록 SEL을 대안학습으로 제시한다. 유네스코가 코로나 팬데믹 초기부터 강조해 왔듯이, 초유의 지구재앙이 초래한 사회 불안, 감정동요, 공포스런 불확실성에 학생과 교육자 그리고 지역사회 구성원들 모두가 담대하게 대처할 수 있도록 사회·정서적 회복탄력성(resilience)과 역량을 갖추게 하는 것은 교육계의 긴급한 교육회복 현안이다.

코로나뿐만 아니라 자연재해나 시민폭동 등 위기상황에 따른 공포, 두려움, 스트레스 등의 부정적 정서에 대한 균형 잡힌 감정순화를 목적으로 하는 SEL은 개인적, 집단적, 국가적, 글로벌 위기 상황에 대한 비판적 사고를 통해 책임 있는 문제해결을 위한 적극적 시민행동에 참여하게 하는 사회적 관계 형성을 포함한다. 여기서 교사와 학부모의 공동 노력이 중요하다. 그런 차원에서 SEL은 전 학교적 접근(whole school approach)이고 학부모가 관여하는(parental involvement) 문제 해결 차원의 종합학습이다. SEL은 학생을 대상으로 하는 교육과정이지만 교사연수나 학부모연수가 요구되는 공동체적 교육활동으로 이타적 목적을 설정한다. 남의 아이 내 아이 할 것 없이 모두가 공동체의 우리 아이라는 인식하에, 학교에서 내 아이뿐만 아니라 다른 아이들도 함께 모여 공부하고 사회적 관계를 맺도록 하여 책임 있는 시민으로 성장하도록 학습시키는 것이 불안한 위험사회에서는 더욱 절실히 요구된다.

　간디평화교육센터의 권고에 따르면, 코로나 상황에서 SEL 연수를 받은 교사는 학교상황에 따라 자기 학생들에게 맞는 프로그램을 구체적으로 진행한다. 코로나 팬데믹 상황에서 불안하고 외롭고 두려운 아이들은 침묵하며 안정하는 자세를 갖추고 자기를 성찰하는 것이 일차적으로 중요하다. 내가 누구인지, 나의 상황은 어떠한지, 내 꿈과 비전은 무엇인지 차분히 관조하며 그 가운데서 내가 공부하는 이유도 스스로 찾을 수 있어야 한다. 이것은 자연스럽게 자기관리 능력 향상으로 이어지고 그 결과 코로나로 저하된 학업성취 수준도 향상된다. 자기 자신을 알고 자신과의 화해가 가능해진 후 대인관계나 사회적 행동참여가 진척되는 것이 기본 방향이다. 자기이해와 타인이해가 동시적일 수도 있지만, SEL에서는 타인과의 관계도 자기 이해가 선행되어야 온전히 형성된다고 전제한다. 부모의 압박이나 세속적 기준에 나를 맞추는 것이 아니라 나의 실존적 동기에 의해 내가 발달할 수 있도록 진지한 자기관리가 이루어져야 한다. 바로 이 단계에서 학교 교사나 전문상담사, 때론 정신과 의사의 도움이 필요하겠지만, 무엇보다도 학생의 심리·정서적 상태와 자기관리 역량을 종합적으로 조정하는 교사의 적극적 관여가 핵심이다. 마인드맵이나 비전 나누기 활동 등이 추천된다. 개별 상담도 물론 큰 도움이 될 수 있다. 이러한 활동을 효율적으로 진행하기 위해서는 모든 아동이 자유롭게 자기이해와 자기관리 능력을 높일 수 있도록 SEL 담당교사는 주의 깊게 잘 살펴야 하고, 학교 일정 안에 SEL 수업시간을 효율적으로 배정해야 한다.

자기인식과 자기관리 단계를 1차 시작 단계로 볼 수 있다면, 사회적 인식과 사회적 관계 수립은 나를 넘어선 타인과 지역사회와의 관계 맺기 단계다. 코로나 상황에서 두드러지는 공포, 대인혐오 및 대인기피, 사회 불안정 등은 개인 차원에서 해결할 수 없는 사회구조적 문제로, 이에 대한 비판적 사고와 성찰이 따라야 한다. 백신민족주의를 비롯한 취약층의 인권 침해, 사회적 불평등, 코로나가 야기한 사회안전망 훼손 등에 대한 이해를 위해서는 집단지성이 요구된다. 학교는 종교적 다양성, 갈등, 경제 불평등, 성차별과 인종차별, 기후위기 등을 주제로 수준 높은 토의를 집단적으로 잘 할 수 있는 최적의 장소다. 무엇보다 격리생활에서 오는 사회적 관계의 단절은 적극적 관계회복과 참여를 통해서만 해소되기에 친구와의 일대일 관계뿐만 아니라 집단 소속감은 아주 중요하다. 그래서 관계 형성을 위한 서클 프로그램이나 망가진 관계 회복을 위한 학교의 또래상담이나 또래조정 프로그램은 국제기구가 추천하는 평화교육 프로그램이다.

이러한 학교프로그램을 통해 학교폭력을 예방할 수 있고 아이들의 대인관계도 긍정적으로 바뀐다. 사실 이러한 프로그램은 소수 참여자를 대상으로 이루어지기 때문에 학교에서 노력만 하면 코로나 상황에서도 얼마든지 시도해 볼 수 있다. 아동뿐만 아니라 교사나 학부모들도 코로나 상황에서 자조모임을 통한 사회·정서적 안정은 매우 중요하다. 특히 장애아동 부모나 적응에 어려움이 있는 다양한 아동들의 보호자들도 자조모임을 통해 필요한 정보 찾기와 심리적 지지를 주고받는 것이 아주 필요하다.

　　개인적 차원의 노력과 집단적 노력 위에 이어지는 책임 있는 의사결정 단계에서는, 공동체에 참여하고 기획하는 적극적 시민의 사회적 역량을 함양하는 것이 요청된다. 학교 자체가 다양한 갈등의 장이다. 여기서 공존역량이 필요하다. 본래 교육은 비판적 사고를 통해 다양성과 개방성을 수용하게 하여 학교 안팎에서 발생하는 갈등 상황을 평화적으로 전환하는 적극적 시민역량을 함양하는 것이어야 한다. SEL은 인식전환을 넘어서 행동전환을 필요로 한다. 아는 것으로 끝나서는 안 되며, 위기의 사회를 공정하고 평화롭게 변화시켜야 한다. 사회변화 행동의 주체자로서 적극적 시민은 비판적 사고를 통해 분석한 사회문제 해결을 위해 어떤 의사결정을 하고 이에 책임 있는 행동을 할 것인지에 대한 종합적인 학습을 해야 한다. 이것은 대인관계 문제 해결일 수도 있고, 학교 혹은 지역사회 차원의 문제에 대한 의사결정을 요구할 수도 있으며, 국가 수준 차원에서의 정책 결정에 참여해야 하는 문제일 수도 있고, 때론 글로벌 차원의 문제로서 글로벌 연대가 필요한 문제일 수도 있다.

코로나 팬데믹 문제는 나 자신의 두려움을 이기는 실존적 차원부터 가정·학교·지역사회의 문제, 더 나아가 국가 차원의 정책문제 그리고 글로벌 차원의 팬데믹 대응문제 등이 복합된 중층적 과제로 접근해야 한다. 따라서 대응에서 복구와 재건에 이르기까지 미래세대를 위한 교육을 정의롭게 회복시켜야 한다는 원칙에서 교육회복 방향을 세워야 한다. 이런 맥락에서 시민교육의 한 수준으로 SEL을 통해 교육회복에 접근하는 것은 코로나 팬데믹이 지닌 문제의 포괄성과 긴급성 그리고 향후 사태의 지속가능성 때문이다. 그래서 어떠한 재난이 다시 닥쳐도 이에 굳세게 대처하는 마음근력인 회복탄력성이 요구되고, 이것을 교육할 수 있다고 보는 SEL이 권장되는 것이다. 글로벌 수준에서는 무엇보다 자민족중심주의로 불거진 외국인혐오주의(Xenophobia)의 폭력성이 국가 차원뿐만 아니라 지역사회, 학교 안, 개인 마음속까지 스며든 현상을 직시하며 이러한 적대적 혐오주의에 대한 비판적 성찰을 할 수 있어야 하는데, 유네스코는 이것이 SEL 프로그램을 통해 종합적으로 학습될 수 있다고 보고 SEL을 세계시민교육의 맥락에서 유용한 학습으로 평가하는 것이다.

SEL은 교사와 학생 간 배려와 협력 관계를 가장 중요시한다. 이러한 특성은 코로나 팬데믹 상황에서 고통받는 아동·청소년들의 사회·정서적 관계회복을 위한 교육 방안으로 SEL을 주목하게 했다. 학교는 교육과 돌봄이 동시적으로 이루어지는 곳이지만 대부분 교사들은 교과전문가로서 자기 정체성이 있기에 돌봄과 배려에 대한 이해는 상대적으로 낮다. 교사의 업무가 아니라고 생각하는 것이다. 그 결과 코로나 상황에서 아동·청소년들의 학업결손에 대해 행동수정주의 논리에 의해 학업결손 아동들의 인지적 태도 개선에만 초점을 두는 경향이 있다. 부모들도 자녀들의 학업손실 보충에만 관심을 갖고 학교를 압박한다. 이럴 경우 학업향상 효과가 곧바로 나타나지 않을 뿐만 아니라 또 다른 스트레스를 주어 상황을 악화시키리라고 예상한다.

유네스코 간디평화교육센터 싱(Singh) 박사는 "모든 아동의 종합적인 전인발달을 목적으로 무엇보다 자기인식과 자기관리를 기준으로 타인과의 관계 개선 및 사회적 책임 함양으로까지 이어질 때 적극적 시민역량이 향상되어 책임 있는 시민으로 사회에 기여하는 행복한 사람으로 살 수 있게 되고 이 과정에서 학업향상에 대한 자기 욕구를 갖게 되어 스스로 변화한다."고 말한다. 이것이 유네스코에서 적극적 시민교육의 한 차원으로 SEL에 주목하는 이유다. 유네스코는 SEL을 건강한 나에서부터 책임감 있는 세계시민까지를 아우르는 혼종적 시민성을 균형 있게 발달시킬 수 있는 적극적 시민교육 프로그램으로 제안하며, 특히 교사연수 프로그램을 제공한다. 학교가 교육회복의 모든 방향을 주관할 수는 없지만, 교사가 노력한다면 많은 변화를 이뤄낼 수 있다.

교사는 아이들뿐만 아니라 학부모들과의 상호작용을 통해 두렵고 불안하고 불확실한 상황에서도 안전하고 희망적인 교육환경을 주도적으로 만들어 갈 수 있다. 그래서 모든 사람과 마찬가지로 똑같이 코로나 블루를 겪고 있는 교사에게 아이들을 위한 교육회복의 주체적 역할을 하도록 기대하게 되는 것이다.

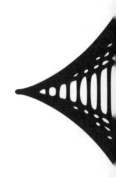

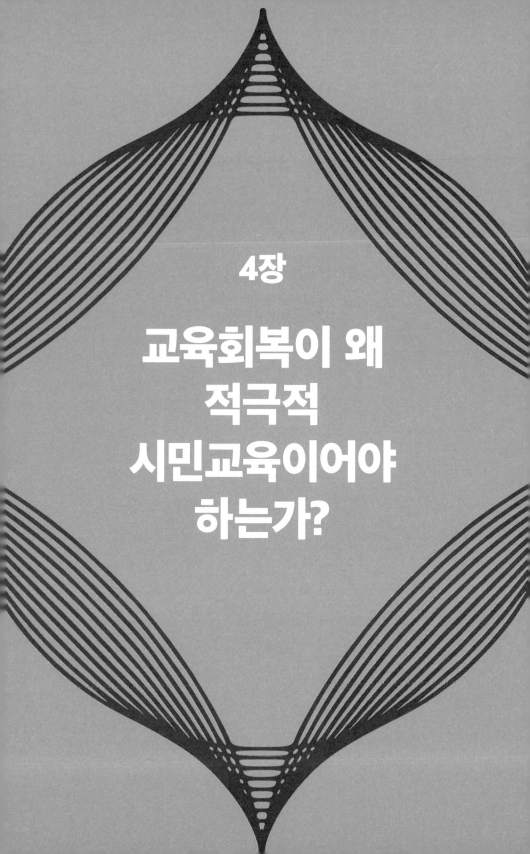

4장

교육회복이 왜 적극적 시민교육이어야 하는가?

코로나 팬데믹은 나를 구속하는 우리 문제이지만, 우리만의 문제가 아닌 전 세계적 재앙으로, 국가 차원의 접근만으로는 해결되지 않는다. 그래서 대통령을 비롯한 담당 장관들도 개인 수준에서의 방역에서부터 지역, 국가, 동북아시아, 아시아를 넘어선 글로벌 차원의 협력과 지원을 약속하면서 공동대처에 노력을 기울이고 있다. 국익을 넘어 세계시민성에 기반한 국제공조를 위해선 학생뿐만 아니라 모든 시민의 이해와 협력이 필요하다. 이에 코로나 팬데믹에 차분하게 대처하며 일상회복으로 나아갈 수 있도록 모두를 위한 적극적 시민교육이 요구된다.

적극적 시민교육의
개념과 과제

　시민(citizen)이 누구이고 시민정신 혹은 시민권이 무엇인지는 정의하는 사람마다 다르다. 일반적으로 시민은 국민(nation)과 같은 의미로 쓰인다. 비행기나 배로 해외에 나갈 때 기착지에서 쓰는 입국신고서에 어떤 곳은 '국적(nationality)'이라고 명기되어 있고 어떤 곳은 '시민권(citizenship)'이라고 한다. 한국 사람들은 둘 다 'S. Korea'라고 쓴다. 그럼에도 우리는 왜 국민에서 시민으로 개념적 전환을 해야 한다고 이야기하는가?

　근대 국민국가 출현 이후 강력한 정치적 결속을 위해 강조되었던 국가공동체에 대한 충성심에 기반한 국민의 개념보다 개인의 자유와 책임을 시민적 권리로 인식하는 개별 주체 행위자로서의 정체성을 강조하는 시민은, 내포하는 정치적 의미와 실천적 행동방향에서 다를 수밖에 없다. 일반적으로 국민으로서 시민은 특정 지역이나 국가 구성원으로서 정치적 책임과 권리를 지닌 주체다. 대부분 신분증(ID, 한국은 주민등록증)이 있느냐 없느냐가 국민을 가름하는 기준이다. 여기서는 자신이 거주하는 국가에 세금을 내는 행위 주체로서의 국적을 지닌 자로 제한하는 경향이 일반적이다. 그래서 국가로부터 자국민 보호 차원에서 각종 정책적 지원과 혜택을 받는다. 한 예로 코로나 상황에서 국가는 자국민 보호를 위해 엄청난 재난지원금을 베풀었지만, 이때 자국민이 아닌 경우 배제되는 상황에 대해 시민단체에서 보편적 시민정신에 맞지 않다며 항의하였다. 이런 의미로 시민사회에서 말하는 시민은 '세계인권선언'에서 명시한 권리와 책임을 갖는 모든 지역인으로, 국적 소지 여부를 떠나 기본적인 인간적 권리를 보장받아야 하는 자유인이다. 따라서 국민이 아니더라도 지역공동체 안에서 개인적 책임을 다하고 있는 이주민의 경우도 마땅히 거주하는 시민으로서 보호받을 권리가 있다는 의미에서 재난지원금을 받아야 하고, 백신 접종 기회도 평등하게 주어져야 한다는 것이다.

　하지만 권리의 담지자로서 개인의 기본권과 자유를 강조하는 시민과 공동체 일원으로서 사회적 의무 및 책임을 강조하는 시민으로 분화되어 버리면, 현실 공간에서는 시민으로서의 책임과 의무를 강조하는 권위주의 정부와 개인의 기본적 자유와 인권을 강조하는 시민사회가 같은 용어를 놓고 충돌할 수밖에 없다. 실제로 유신 시절 박정희 대통령이 가장 강조한 것이 한국적 민주주의에 헌신적으로 기여하는 민주시민이었고, 이에 저항하는 민주화운동의 주체 역시 민주시민이라고 불렀다. 이러한 차이를 벤-포라스는 전시적 시민성과 민주시민성으로 비교해서 설명한다. 전시적 시민성은 국가에 대한 충성을 강조하는 무비판적 국가주의적 시민을 전제하는 반면 민주적 시민성은 개인의 자발성과 다양성을 강조하는 정치적 식자로서의 비판적 시민의 소양이다. 이러한 논의의 연장에서 유신시대에 강조된 민주시민교육이 권위주의적 폐쇄인 파멸의 길로 이끄는 전시적 시민성을 기반으로 한다면, 군부독재 시절 민주화 투쟁에 참여했던 시민사회를 대신하는 민주화운동 기념사업회에서 강조하는 민주시민교육은 민주화를 위한 교육으로 정의를 향해 끊임없이 투쟁하는 민주적 시민성을 지향한다고 볼 수 있다. 오늘날 우리가 시민적 책무성을 강조하든 개인의 자유와 권리를 강조하든 시민교육에서 부정할 수 없는 사실은, 이 둘은 분리될 수 없는 동전의 양면과 같다는 점이다. 어떤 사회에서든 시민으로서의 권리와 사회적 책임은 분리될 수 없는 실체로, 시민들의 적극적 참여를 통해 민주적인 평화공동체를 정의롭게 형성해 나갈 수 있도록 구조화되어야 한다.

　　이런 점에서 적극적 시민교육(Active Citizenship Education)은 모든 시민이 갖춰야 할 인간의 보편적 권리와 공동체적 의무를 인지하여 사회가 진보해야 할 과제에 대한 공익적 책임 행동을 적극적으로 수행할 수 있는 역량을 길러주는 교육이다. 적극적 시민교육에서는 선거를 비롯한 각종 공공 현안을 비판적으로 사고하여 능동적이고 책임 있게 참여하도록 보편적 가치와 태도, 역량을 고양시켜 주는 적극적 학습(Active learning)이 가장 중요하다. 능동적·적극적 시민이란 사회정서학습(SEL)이 추구하는 인간상으로, 인간의 기본적 자유와 권리를 가진 행위주체자로서 타인과의 균형 잡힌 관계를 토대로 책임 있는 사회적 결정 과정에 적극적으로 참여하는 사람이다. 인권교육과 관련시켜 보자면 보편적 권리와 책임을 균형 있게 갖추고 공적 영역에 적극적으로 참여하는 사람이다. 지역사회 시민에서 세계시민에 이르기까지 행위주체자로서 책임 행동의 범위를 어디까지로 설정하느냐에 따라 공적 영역의 범주가 좌우된다. 오늘날과 같이 이주가 일상화되어 있는 사회적 환경에서는 문화적 다양성의 관점이 요구되고, 기후위기나 경제적 불평등이 심각한 상황에서는 반차별, 반편견, 환경정의 등의 시각이 중요하며, 사회적 소수자의 관점도 요청되면서 무엇보다 평화 비폭력 관점은 지속가능한 미래 전망에서 아주 중요하다.

시민교육(Education for citizenship, Citizenship education)과 관련하여 일부 학계에서는 'citizenship'을 분리하여 시민권, 시민성 혹은 시민정신으로 번역해서 사용하는 경향이 있다. 일반적으로 시민권은 시민이 향유해야 할 인간적 권리의 총합이고 시민성과 시민정신은 시민권에 내포된 정신과 이념, 사상을 통칭하는 용어다. 시민권은 기본적으로 시민이 속하는 국가공동체를 매개로 한 권리를 말한다. 이때 개별적인 독립적 주체

로서 시민의 보편적 권리는 국가공동체의 시민이 감수해야
할 공동체적 책임과 충돌하기도 한다. 그래서 애국적 국가주
의가 보편적 시민 권리를 제한하는 상황에서 시민권은 정치
적 현상유지세력에 저항하는 인간해방 개념으로 비친다. 본래
시민이라는 용어가 프랑스 혁명을 거치면서 태동한 근대 국민
국가의 형성 과정에서 집단적 정치행위주체로 등장하였고 이
에 따른 시민의 권리가 선언되었기 때문에, 시민권의 토대인
개인의 자유와 권리는 근대 국민국가가 보장해야 할 중요한
시민적 덕목이다.

　　하지만 우리나라를 비롯한 대부분의 피식민지 해방 국가
들의 경우 식민주의자들에게 주권을 빼앗긴 경험이 있기 때
문에 주권은 인권에 앞서는 개념으로 비치기도 한다. 비록 자
주적 자본주의화의 길을 걷지는 못했어도 국가가 얼마나 중요
한지, 주권을 빼앗긴 채 피식민지인으로 살아간다는 것이 얼
마나 처참하고 그 고통이 큰지, 그래서 주권국인 자주독립 근
대국가의 성립이 얼마나 중요한지 등을 뼈저리게 느꼈기 때문
에, 식민모국의 제국주의적 국가주의에 저항하는 이들의 체험
적 민족(국가)주의는 제3세계 시민성의 또 다른 특성을 보여준
다. 그래서 상대적으로 자민족중심주의(ethnocentrism)로 비치는
내 민족, 내 국가에 대한 충성심과 애국심만 강조하는 듯한 제
3세계의 저항적 민족주의는, 내가 살고 있고 내 자손이 살아
가야 하는 이 땅의 내 민족과 내 국가라는 민족국가 정체성
으로 수렴되는 과정에서 권위주의적 반동 이데올로기로 변질

될 가능성이 다분히 있다. 그래서 프란츠 파농은, 피식민지 해
방 국가의 탈식민지화의 방향이 또 다른 형태의 배타적 민족
주의로 흘러가서는 안 된다는 점을 체험적으로 인식하고 함
께 독립운동을 벌인 그룹들의 전근대적 민족주의적 퇴행에
저항해왔다. 2차 세계대전 후 혈통 기반의 종족적 민족주의
를 기반으로 정권을 장악한 제3세계의 친서방적 권위주의 국
가권력에 저항한 원동력이 바로 이러한 탈식민주의적 관점에
서 활약한 적극적 시민의 힘이다. 이러한 변혁운동이 제3세계
민주화운동의 기반이다. 이것이 탈식민주의적·비판적 시민교
육의 내용을 구성하며, 탈서방, 탈군부 정권, 인권 기반의, 평
화 지향적, 아래로부터의 적극적 시민참여, 경험 기반의 비판
적 식자교육 등이 포함된다. 여기서 제3세계 시민운동의 성공
적 전형으로 비치는 한국의 시민교육은 한국적 특수성을 보
편적 맥락에서 새롭게 설정해야 하는 적극적 시민교육의 과제
를 안게 한다.

　한국의 '교육기본법' 2조에 나타난 교육이념, 즉 '홍익인
간의 정신에 따라 … 민주시민으로서 필요한 자질을 갖추게
함으로써 … 인류공영의 이상을 실현하는 데 이바지함을 목
적으로 한다.'는 말은 포괄적인 시민교육의 방향을 반영한다.
본질적으로 시민교육은 국가주의적 애국심에만 귀속되어서
는 안 된다. 자유, 평등, 박애라는 민주주의 이상이 모든 인간
에게 보편적으로 적용되도록 하게 하여 세상을 공의롭게 만
들기 위해 적극적으로 행동하는 인간화 교육이다. 이러한 시

민교육에서 연대와 배려, 정의를 향한 시민들의 적극적 참여
는 아주 강조된다. 아쉽게도 우리의 교육현장에서는 민주시민
교육과 세계시민교육이 이원화되어 있지만 둘 다 본질적으로
추구하는 시민교육의 방향은 적극적 시민정신 함양으로 수렴
될 것이다. 현재 경기도교육청이 주도적으로 발간한 인정교과
서로『민주시민』,『세계시민』 그리고『통일시민』 3종의 교과
서가 있다. 이들 교과서 제목이 시민교육현장의 개념적 혼란
을 일으킨다고 생각하기도 하지만, 기실 세 교재 모두 수구적
애국주의 국민교육이 아닌 보편적 시민정신 함양을 위한 교
육을 지향한다고 볼 수 있다.

　우리는 다양한 교육현장에서 다양한 접근으로 시민교육
이 이루어지는 다원화된 사회에 살고 있다. '나는 세계시민으
로 다시 살기로 했다!', '민주시민의 자세' 등의 다양한 표제
로 학교에서 실천하는 시민교육 프로젝트가 많다. 학생들에
게 '세계시민으로 산다는 것이 무엇인지'를 주제로 다양한 시
민활동가들이 학교와 협력하고 있다. 선거 참여를 통해 학교
문화를 보다 민주적으로 바꾸자는 민주시민교육 프로그램도
진행된다. 학생(청소년)인권선언도 학생 주도로 자발적으로 이
루어냈다. 국제구호시민단체 활동가로부터 가난한 국가 아이
들의 어려운 상황을 듣고 공감하여 기부에 동참하는 것도 세
계시민교육의 한 방향이다. 미얀마 군부 쿠데타를 비판하며
시민지원활동에 서명하는 것도 세계시민교육 활동이다. 우리
나라에 살고 있는 이주노동자들의 경제적·사회적 인권탄압에

분노하면서 함께 거리에 나가 연대투쟁하는 것도 적극적 시민교육 활동이다. 비정규직 노동자의 차별에 반대하는 연대활동, 세월호 희생자들을 기억하는 것, 일본군 위안부 할머니들의 증언을 들으며 한일 간의 지속가능한 평화를 생각하는 것, 미군기지 희생자들을 생각하며 군사주의에 대한 비판적 성찰을 이어가는 것 등, 모두가 중요한 시민교육 활동이다.

이웃의 문제, 세계의 문제, 정치·군사적 문제, 환경 위기나 인권탄압 등의 상황에서 나 자신도 이런 억울함을 당했을 경우 참지 않고 해결하기 위해 적극적 노력을 하고, 내 문제가 아니너라도 그런 상황에 처한 사람들과 연대하는 것이 중요한 시민적 자질이다. 시민교육 활성화를 위해 학교 교사들이 일차적으로 적극적 시민교육 담당자여야 하고, NGO/NPO(비영리기구) 활동가들도 시민교육 강사 양성과정을 거쳐 적극적 시민교육자로 자질을 기를 수 있다. 이런 과정을 통해 시민의 변혁적 역량이 향상된다.

시민교육은 태어나서 죽을 때까지 이루어지는 자기혁신 과정이고, 지속가능한 공동체의 변화를 위한 공동의 노력이다. 시민교육에서 이루어지는 모든 학습은 일회적이지 않아야 한다. 순환적이다. 학교에서 학습한 것으로 평생 살아갈 수는 없다. 시대도 변한다. 이렇게 볼 때 적극적 시민교육은 '시민을 위한, 시민에 관한, 시민의 모든 종류의, 과정으로서의 평생교육'이다. 시민교육의 대상은 광의(廣義)의 시민이다. 시민에 관한, 시민이 알아야 하는 지식과 역량을 기르는 것으로, 예를

들어 선거철에는 적극적 선거참여교육이 중요하다. 일상에서
는 세금에 관한 교육도 경제정의 관점에서 중요하다. 교육주
체들이 공정하게 참여하여 학교를 민주적으로 투명하게 운영
되는 교육공동체로 만드는 노력이 학교공동체 시민교육이다.
그런 의미에서 학생도 시민이고 교사도 시민이고 학부모도 시
민이며 교육행정가도 시민이다.

현행 '평생교육법'에는 평생교육이 학교 외의 교육이라고
하지만, 본래 평생교육은 태어나서 죽을 때까지 이뤄지는 모
든 교육이라고 정의하기 때문에 학교교육도 당연히 평생교육
의 일부이고 시민교육은 다양한 평생교육의 한 영역이다. 가
정은 세대 간 시민교육이 이루어지는 통합적 평생교육의 장이
다. 오늘날 학교환경에서는 '마을교육공동체' 만들기의 일환
으로 교사와 지역사회활동가들과의 교육협업이 다양하게 이
루어지고 있다. '학교는 지역으로, 지역은 학교로'의 선순환
을 통해 통합된 시민사회가 한층 성숙해질 것이며, 이로써 시
민이 주인 되는 지속가능한 미래가 예측된다. 특히 코로나 상
황에서 모두가 헤어나기 힘든 인지적, 사회적, 심리적, 신체적
어려움 속에서도 본래 상태로 돌아가는 탄력성을 잃지 않도
록 교육적 회복력을 키우는 것이 무엇보다 중요한 적극적 시
민교육의 방향이다. 시민으로서 지역자원을 찾아 힘들고 불안
한 환경에 놓인 주민을 연결시켜 주는 활동부터 사회적 취약
아동이 어떤 권리가 있으며 그것을 보장받을 길을 함께 찾아
가는 현장교육에 이르기까지, 교육회복을 위한 모든 지역사회

시민교육은 지역사회자원 네트워크를 통해 교육, 상담, 복지, 문화를 원스탑으로 연결시켜 학습자가 체감할 수 있는 효과적인 종합적 시민교육활동으로 확대되어야 한다.

특히 코로나 팬데믹 상황에서 지역사회 학교 관리자는 교실 안팎에서뿐만 아니라 내 주변부터 정의롭고 안전한 사회 환경이 이루어질 수 있도록 모두가 관심을 갖고 적극적으로 참여하고 행동하는 환경을 만들어 갈 책임이 있다. 지역사회 학교는 폐쇄된 상태든 재개된 상태든 언제든지 공익적 시민의식을 촉진하는 데 중요한 역할을 하는 곳이다. 온라인을 통해서든 대면수업에서든 코로나19와 관련된 논쟁적인 글로벌 이슈에 대해 생각해 보는 교육을 진행할 수 있다. 미디어 리터러시 수업을 통해 코로나로 야기된 폭력적 극단주의적 행태에 대해 성찰하며 주변의 각종 혐오주의나 혐오범죄에 대해 토론하게 하여 균형 잡힌 시민의식을 형성하도록 자극한다. 윤리, 도덕, 역사, 사회, 지리 등의 과목에서는 코로나19 갈등의 원인과 문제 해결 방향을 다루면서 폭력적 대응을 방지하고 다름을 수용하며 대화를 장려하는 평화의 문화를 학교에 조성할 수 있다. 학교에서의 이 같은 적극적 시민교육은 교과수업에서뿐만 아니라 모든 학교 내 학생활동을 통해 늘 준비되어 있어야 한다.

학교에서의 이 같은 적극적 시민교육은 교과수업에서뿐만 아니라 모든 학교 내 학생활동을 통해 늘 준비되어 있어야 한다. 교육회복의 에코시스템이 보여주듯이, 교육회복을 위한 적극적 시민교육에는 모든 단위의 행위주체가 참여해야 한다. 가족은 코로나 격리기간 동안 무엇보다도 중요한 1차 공동체다. 가정은 가족 구성원에게 물질적, 감정적, 심리적, 사회적으로 지지대를 세워주는 공감의 장소인 동시에 갈등의 여지를 제공하는 곳이다. 코로나 블루를 가족 구성원 모두가 앓고 있다는 전제가 필요하다. 그래서 가족 구성원 하나하나가 가정에서 서로 심리적으로 지지할 뿐만 아니라 사회·정서적 지지를 받는 상보적 관계에 놓이게 된다. 지역사회 차원에서는 지역시민으로서 도움이 필요한 이웃을 돌보고 배려하고 나누는 적극적 시민성을 보임으로써 지역사회를 압도하는 불확실성을 타개할 희망을 갖는 것이 필요하다. 코로나19로 인한 두려움과 불확실성의 시기에 적극적 시민교육이 지역민에게 이성의 힘을 키워주어 일상생활로 돌아올 수 있게 해야 한다. 이때 지역 종교단체나 시민사회단체, 공공기관 등을 효율적으로 네트워킹하여 필요한 지원이 이루어질 수 있도록 해야 한다.

　적극적 시민참여 없이는 일상회복도 교육회복도 불가능하다. 코로나19로 잃어버린 시간을 복구하며 새롭게 재건함에 지역사회 전 자원을 효율적으로 정비하여 보편적 기준에 따라 맞춤형 지원을 신속하게 하고 특히 사회·정서적 지지가 필요한 사람들에게 우선적으로 공적관여가 이루어지도록 해야 한다. 교육회복은 코로나 이전 상태로의 학교 재개 이상의 교육 정의를 요구한다. 이를 위한 전 사회적 수준에서 지속가능한 미래를 향한 적극적 시민교육이 요구된다.

인간안보의 중요성을
깨닫게 하는
코로나 위기

2000년 전 로마 시대의 팍스 로마나(Pax-Romana)는 물론 팍스 아메리카나(Pax-Americana)로 집약되는 오늘날의 세계화 시대에도, 힘에 의한 평화(Pax)가 세계지배의 기본 논리다. 세계의 중심국인 로마나 미국이 전 세계의 평화와 안전을 위해 힘을 지녀야 한다는 평화 개념이 팍스다. 약소국이 개발한 핵은 세계평화를 위협하지만 경찰국가인 미국이 가진 핵은 세계평화를 지키기 위한 것이라는 논리의 기저이다. 힘은 군사력뿐만 아니라 경제적, 문화적, 정치적, 사회적 통합능력을 의미하는 것으로, 지배의 자발적 동조를 이끌어내는 유인력이다. 이 중에서도 국가 간 충돌 시 군사력에 의한 지배권 확보는 전통적인 군사안보의 핵심이다.

1946년 이후 갈등 유형별 전사자 수
25명 이상의 전사자를 낸 국가 간 갈등만 도표에 포함되었음. 갈등으로 인한 기아나 질병사망자는
포함되지 않음. 또한 구금 중인 무고한 살인도 포함시키지 않았음.

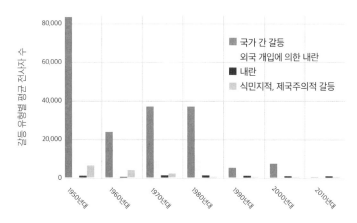

출처: UCDP/PRIO
참조: UCDP/PRIO 전쟁 카테고리 분류 정의에 따라 Extrasystemic(민병대 간의 전투), internal(민족
내전), internationalized internal(국제화된 민족내전), interstate(국가 간 전쟁) 등으로 기술적으로
정의된다.

그림 7 갈등으로 인한 전투 사망자 수

　　그런데 그림 7에서 볼 수 있듯이 2차 대전 이후 국가 간
전쟁으로 인한 사망자 수는 상대적으로 급격하게 감소하고
있다. 2000년 이후 이라크 전쟁과 20년 이상 지속된 아프가니
스탄 전쟁이 있었지만, 2010년 이후 전통적인 국가 간 충돌에
의한 사망자는 상대적으로 적고 군인이 아닌 민간인 사이에
서 일어난 물리적 충돌로 말미암은 사상자 수가 지배적이다.
특히 폭력적 극단주의에 의한 사상자의 증가는 전시가 아닌
상황에서 모두를 공포에 떨게 한다. 또한 인류가 처한 재난

상황에서 코로나19 같은 보이지 않는 바이러스에 의한 감염병으로 인한 피해는 전쟁 피해와 맞먹는다. 이미 사상자 수가 백만 명을 넘었다. 언제 끝날지, 얼마나 심각한지, 어떻게 대비할지도 예측 불가능하다. 또한 경제적 혹은 사회·문화적 이유로 발생한 난민, 정치적 난민 및 환경난민 등, 전 세계적으로 많은 이주민이 발생하기 때문에 '이주의 시대'로 접어들면서 초래하는 갈등이 사회적 폭력을 불러일으키고 있다. 유입된 이주인구를 대상으로 그들의 문화를 존중하는 관용과 다양성이 정책화되기보다는 주류문화에 동화되기를 바라는 문화 동질화 현상이 강요되면서 극단주의적 종교문화 간 대립이 일어나 집단적인 폭력을 유발하는 경우가 왕왕 있다. 극단주의적 신앙 대립이 점화한, 근본주의적 유일 신앙에 근거한 테러리즘이 오늘날에도 전 세계를 공포에 떨게 한다. 물론 신앙이 매개된 이러한 테러리즘의 원인을 단순히 종교 간 대립이나 갈등이라고 치부할 수는 없다. 그럼에도 근본주의적 신앙관에 입각한 폭력적 대립은 사회구조적 원인 규명보다는 혐오주의 기반의 사회불안을 악화시키는 데 영향을 미친다.

　세계적 수준에서 부의 양극화에 따른 글로벌 경제 위기가 경제난민, 식량난민, 정치난민을 낳고 있다. 코로나 이전에도 한 치 앞이 불안한 시민들은 두려움과 공포 속에서 웃음을 잃어버리고 공동체 안보가 흔들리고 있음을 몸으로 느끼고 있었다. 결국 전쟁이 일어나지 않아도 두려운 상황이 이어지면서 군사안보가 개인의 행복을 보장해 주지 못한다는 공

감대가 확산되었다. 이러한 시대적 맥락에서 비군사적, 인간안
보의 필요성이 1990년대 이후 꾸준히 언급되어 왔다.

　코로나 팬데믹 이후 인간안보에 대한 언급이 두드러졌
다. 정치가들은 '보이지 않는 적과의 전쟁'이라고 코로나 상황
을 정의하지만 군사안보적 틀을 어떻게 인간안보의 틀로 전환
할지에 대해서는 종합적으로 말하지 않는다. 그럼에도 보건안
보, 식량안보, 복지안보, 환경안보 등의 개념이 새롭게 우리 사
회 전면에 등장했다.

　전쟁이 평화를 위협한다는 전통적 믿음에서 군사안보에
주력했던 관행을 넘어서서 사회적 안전망을 강고하게 만들기
위한 인간안보의 중요성은, 1990년대 탈냉전 상황에서 코피아
난 전 UN 사무총장에 의해 제기되었다. 그는 인간안보의 긴
급성을 이렇게 강조하였다. "전쟁이 없더라도 인간의 기본적
인 생존 조건을 위협하는 공포로부터 자유롭지 못하면 안보
적 상황이 아니며, 기아나 실업 같은 최저생활이 불가능한 궁
핍을 극복하지 못하는 한 인간다움의 영위는 불가능하다."

　사실 인간안보는 1948년 '세계인권선언' 서문에서 이미
공포로부터의 자유와 결핍으로부터의 자유가 공히 인류의 보
편적 소망이라고 언급한 대로 인간안보 개념으로 통합한 것
이다. 탈냉전 글로벌 환경에서 세계화로 불평등이 심화되고
기후위기가 악화되면서 인간의 안전이 보장되지 않는 상황
에 봉착하자, UNDP(1994)에서는 〈인간개발보고서〉를 통해 인
간안보를 "사람들이 자유로운 선택을 하는 것에 장애가 없

고 향후에도 그 선택의 기회가 상실되지 않는다고 안심할 수 있는 상태"로 정의하였다. 사람 중심의(people-centered), 어느 사회에서나 누구에게도 중요한 보편성(universality)을 지닌, 전 세계적인 문제로서 국경을 초월한 상호의존성(interdependency)을 특징으로 하는 인간안보는, 사후적인 대처보다는 사전 예방(prevention) 차원에서 일관된 정책으로 준비되어야 한다고 강조한다. 이러한 4가지 기본 특성을 지닌 인간안보는, 그림 8에서 보여주듯이, 글로벌 환경에서 문제시되고 국내 정책적으로 보완되어야 하는 7가지 주제로 분류된다.

인간안보의 7개 하위 안보조항은 서로 도미노효과로 파생된다. 건강 이상이 빈곤으로 이어질 수 있고, 가난은 식량 부족으로, 환경 붕괴는 위생상태 악화, 기근, 산림손실 등 다른 위협으로 이어질 수 있다. 이러한 위협은 상호 연결되어 있어 한 요인은 국가 안에서도 한 지역에서 다른 지역으로 넓게 퍼져나가고, 다른 국가로도 흘러 들어가 대규모 취업이민, 무기 수출, 환경 붕괴, 전염병 확산, 무장집단화, 마약 밀거래, 인신매매 등 세계적 수준의 안보에 부정적 영향을 끼칠 수 있다.

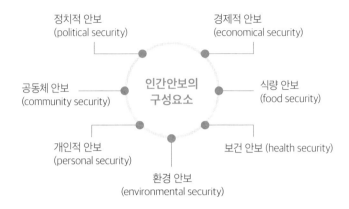

그림 8 인간안보의 구성요소

　오늘날 이러한 문제점들이 상호 악순환을 야기하여 인간안보 위험에서 벗어날 수 있는 지역은 국제체제에서 존재하지 않는다고 봐야 한다. 인류의 행복과 안녕을 위협하는 전면적인 코로나19 같은 감염병 문제뿐만 아니라 기후변화, 빈곤과 기아, 환경적 재앙, 정치적 억압, 경제적 양극화, 젠더와 인종 불평등 등 인류 공동의 안녕을 위협하는 전 지구적 문제 해결을 위한 새로운 국제정치적 해결방안이 분명히 요구된다. 특히 일국에서 발생한 보건안보의 취약성이 팬데믹으로 확장되고 사막화 등 환경안보가 폭발적인 난민 발생을 야기하듯이, 인간안보 문제는 국제기구, 권역별 기구, 국가, 지방정부, 기업, NGO, 개인 등 관련되는 모든 행위 주체자가 동시적으로 관여해야 하는 복잡한 아젠다이다. 여기서 "평화 없이는 발전 없고 발전 없이는 평화 없다."는 코피 아난의 호소처럼

인간을 안전하게 지켜주는 것이 더 이상 전통적인 군사안보
만은 아니다. 전쟁 부재 개념으로서 평화를 넘어선 정치적, 공
동체적, 개인적, 경제적 안보와 환경, 보건, 식량안보를 포괄하
는 모두를 위한 포용적 발전이 평화의 초석이어야 한다는 것
이 인간안보의 전제다. 여기서 시민의 적극적 참여 없는 인간
안보는 불가능하기에, 인간안보 기반의 적극적 시민교육은 당
연히 소극적 평화와 적극적 평화를 포괄하는 포괄적 평화교
육과 일치한다. 요한 갈퉁은 그래서 "인간안보는 평화다."라고
정의한 것이다.

　　코로나19의 확산세가 멈출 기미가 보이지 않는다. 신종 변
이 바이러스가 계속 나타난다. 그동안 국제뉴스로 따로 분리
해서 방송했던 세계 소식이 코로나로 인해 '미국은 몇 명', '일
본은 몇 명' 등 코로나 관련 해외 소식으로 매일 보도되고 있
고 가난한 국가들의 비참한 현상도 방안에서 매일 마주하게
된다. 학교교육뿐만 아니라 지역에서 다양하게 진행되었던 많
은 시민교육 프로그램도 대면활동 중지 방침에 따라 중단되
었고 일부 온라인 학습을 통해서만 제한적이나마 학습이 이
어지고 있다. 2020년 1월 21일부터 우리 사회에서도 코로나
환자들이 계속 늘고 있다. 다른 국가들에 비하면 한국의 방역
은 K-방역이라고 명명할 만큼 아주 성공적이지만, 2년이 지난
지금까지도 특히 오미크론 변이 바이러스의 감염자 증가 속도
가 폭발적으로 늘자 시민들의 생각은 착잡하다. 우리만의 잘
못은 아니지만 왜 아직도 못 끝내지? 그 많던 의사들은 뭐 하

고 과학기술자들은 연구를 못 해내나 하는 짜증과 원망이 인다. 누구, 어느 나라 잘못이라고 할 수는 없겠지만, 분명 미국을 비롯한 서구 선진국가 대부분이 코로나 발생 초기에 이 감염병을 과소평가하고 소극적으로 대처한 과오가 있다. 사태가 악화되자 미국은 중국 책임으로 돌렸고 정치적 포퓰리즘으로 사람들을 양분시키기까지 했다. 코로나는 세계대전 이상의 피해와 공포, 진영 간 혐오 그리고 정치적 분열 및 경제양극화 문제를 심화시켰다. 냉전 이후 인본주의적 세계화의 이상이 컸건만 코로나는 자국중심주의를 과도하게 부풀렸고 그 결과 백신민족(국가)주의가 인류애를 실종시켰다.

코로나 팬데믹으로 전 세계가 불안과 두려움에 요동치는 현 상황에서 부자국가들의 자국가(민족) 중심적(ethno-centric) 코로나 정책과 행정은 글로벌 정의의 실종을 경고한다. 특히 부자국가들의 경제 불평등, 정치 불안정 및 사회적 안전망 미비로 발생한 시민적 저항을 민주적으로 해결하기보다는 정파적 이해를 기반으로 시민 간 분열을 책동하는 저급한 정치 행태는 글로벌 정의를 파괴한다. WHO의 거듭되는 탄원에도 불구하고 오늘날 코로나로 고통받는 저개발국가들과 부가국가들 간에 보건안보 차원의 연대가 불확실하다. 유통기한이 다 된 백신을 원조받은 저개발국가에서 쓸모없어질 귀한 백신을 붐태워버리는 격한 분노가 지속가능한 평화와 인간안보의 중요성을 우롱하는 듯하다. 인간안보에서도 특히 식량안보와 보건안보는 기본적인 인간욕구(basic human needs)에 해당하는 것으로, 무엇보다 일상의 안보에서 중시되어야 하는 정책 과제다.

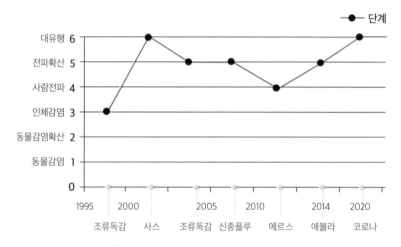

자료: 주원, 『2015년 글로벌 10대 트렌드』(현대경제연구원, 2014) p.22를 토대로 2020년 상황을 보완하여 재구성한 것.

그림 9 세계고위험군 발생 추이

특히 그림 9에서 볼 수 있듯이, 2000년대 급속히 증가한 감염병의 확산은 글로벌화의 주요 위협요인인 보건안보의 중요성을 경고하는 것으로, 감염병 팬데믹에 대한 문제 해결을 위한 글로벌 협력과 연대의 필요성이 절실하다. 2002년 사스, 2009년 신종 플루, 2012년 메르스 그리고 2014년 에볼라 등에서 볼 수 있었듯이 전염병 확산 속도는 아주 빠르다. 하지만 아직 창궐하지 않은 신종 바이러스를 예비할 수 없기에 일단 발생하면 그때부터 백신을 준비해야 하기 때문에 모든 사람이 전염병의 공포에 휘말린다. 여기서 세계화로 인적·물적 이동이 빈번해지고 특히 관광업 발달로 여행이 자유로워지면서 바이러스의 이동도 국가적 장벽이 없어졌기에 감염병 대처도 당연히 국제연대와 협력 차원에서 이루어져야 한다.

오늘날 개인 차원의 건강도 공공보건체계라는 사회적 안전망이 필요하게 되었다는 사실이 코로나 대응의 국가 간 차이로 인해 여실히 드러났다. 그래서 일국 차원의 노력만으로는 한계가 있어 국경 없는 보건 관련 문제(borderless health-related problems)를 다루는 초국가적 기구 설립의 필요성을 낳았다. 글로벌 보건안보 아젠다(Global Health Security Agenda)를 다루는 국제회의가 정기적으로 열리고 있고, 국가마다 질병관리센터를 중심으로 감염병 관련 데이터를 공유하는 시스템이 발동되어 있어, 이것을 종합적으로 모니터링하는 WHO가 감염병 문제 해결을 위한 국제공조를 호소하는 것도 이런 까닭이다. 가장 잘사는 국가의 안전을 위해서도 가장 어려운 국가의 방역에 허점이 있으면 안 되는 것이 팬데믹의 속성이다.

보건안보란 모든 사람에게 질병이나 건강하지 못한 생활에 대해 최소한의 공공 보호를 보장하는 것을 목적으로 한다. HIV/AIDS, 감염병 출현과 재출현, 부적절한 공공보건 인프라 등 보건안보가 취약해지면 모두의 생명이 위협받고 삶의 안위도 보장되지 않는다. 무엇보다 자유로운 이동은 질병 확산을 촉진시키기에 감염병이 창궐하면 일단 사회적 격리와 거리두기가 강제된다. 심한 경우 지역이 봉쇄되기도 한다. 감염

병은 일차적으로 예방에 주력하여 확산을 방지하고, 새로운
질병에 신속하게 효율적으로 대처하는 역량이 요구된다. 그래
서 감염병에 대한 공포를 정치적으로 악용하여 극도의 두려
움과 공포를 조장하는 것을 방지하는 이성적 시민교육이 무
엇보다 요구된다.

선진국과 개발도상국 사이에 의료 환경과 건강보험 등 보
건안보 격차가 심각하다. 일반적으로 가난한 사람이 부유한
사람에 비해 보건안보에 대한 위협이 크다. 특히 여성과 어린
이의 낮은 수준의 건강은 사회적으로 주목되어야 한다. 개인
의 안전이 십난석 개념으로서의 국가의 안전과 이익을 위해
희생되기 일쑤이다. 평화, 정의, 공평성이라는 관점에서 보건
안보 구축을 위한 글로벌 협력과 지원이 절실한 것도 이러한
보건 불평등이 초래할 수 있는 글로벌 위험을 인도주의 차원
에서라도 예방해야 하기 때문이다. 유엔을 비롯한 국제기구는
특정 국가에 치우치지 않고 중립자의 입장에서 인도주의적 지
원에 근거한 보편적 사회의 안녕을 추구한다는 명분을 가지
고, 다자간 협력을 통해 보건안보를 보장할 수 있도록 노력해
야 한다. 어느 누구도, 어느 국가도 건강이 위협받는 상태에서
는 평화로울 수 없다. 코피 아난의 말대로 평화는 전쟁의 부
재 그 이상이다. 코로나 백신 지원에서 드러난 부자 국가들의
비윤리적 신식민주의적 원조 행태를 저지하고 코로나의 빠른
확산을 막기 위해서도 글로벌 정의에 기반한 코로나 세계시민
교육이 요구된다. 코로나 팬데믹 하에서 인간안보의 한 요소

인 보건안보는 적극적 시민교육의 핵심 주제로, 개인 수준에서 글로벌 차원의 국제공조에 이르기까지 종합적으로 다뤄져야 한다. 이를 위해서는 유네스코의 권고대로 적어도 다음 네 가지가 고려되어야 할 것이다.

첫째, 글로벌 정의를 위한 저개발국 교육지원 총비용을 늘려야 한다. 저개발국의 교육재건을 위해 글로벌 교육협력(GPE)에 참여해야 한다고 미래세대에게 교육해야 한다. 코로나 상황은 경제위기를 야기하였고, 그 귀결은 특히 가난한 국가의 엄청난 고통으로 귀결된다. 결국 국가 간 빈부격차 완화 없이는 세계 평화도 없고 인간안보는 전 세계적으로 위협받을 수밖에 없다. 신식민지적 원조 패턴을 정의로운 공공부조 개념으로 전환하여 모두를 위한 지속가능한 교육기반을 마련하도록 지원해야 한다. 둘째, 글로벌 불평등의 확대가 결국 가난한 국가들의 교육환경을 악화시켜 여학생 진학률을 감소시킬 뿐만 아니라 교사 급여가 줄어드는 등, 교육의 공공성 기반 와해로 이어진다. 결국 교육공공성 약화는 사교육 시장을 활성화시키게 되어 가난한 국가에서조차 교육격차가 심각해진다. 코로나 상황은 이러한 교육격차를 더 벌리는 결과를 낳으므로 특히 사회적 취약집단 아동·청소년에 대한 특별 지원이 이루어져야 한다. 셋째, 코로나 극복이 개인방역뿐만 아니라 종합적인 교육손실을 보완할 수 있는 기술적인 제도 기반 지원이 이루어져야 한다. 특히 원격학습지원 인프라가 부족한 상황에서 디지털 격차가 학습결손을 누적시키므로 결국 생애 전반의 부실로 이어질 수 있다. 원격교육에서 나타나는 국가 간 격차를 완화하도록 교육기관 간 국제협력이 요구된다. 마지막으로, 코로나 팬데믹이 수반한 두려움과 공포, 불확실한 미래에 대한 불안 등으로 삶의 회복탄력성이 현저히 떨어질 수 있기 때문에 적극적인 교육회복 프로그램을 통해 마음근력을 키울 수 있도록 교육프로그램 지원이 이루어져야 한다. 여기서 코로나 상황에 대해 과학적이고 합리적으로 판단할 수 있도록 비판적 지성의 눈을 뜨게 하는 세계시민교육이 지속적으로 이루어지는 글로벌 연대가 필요하다.

교육회복은 교육 불평등의 난제에 도전하는 것으로, 학교폐쇄로 인한 학력손실 회복 이상의 포괄적인 종합대책이 필요하다. 그것은 기본적으로 모두에게 동등한 인간안보로서 교육권의 회복이다.

적극적 시민교육을 통한
MDG & SDG 이해

　　지구촌 어디서 살든지 개인의 문제는 세계의 문제로, 모두가 관심을 가지고 해결하는 데 동참해야 한다는 선언이 MDG(Millennium Development Goals, 새천년개발목표)와 SDG(Sustainable Development Goals, 지속가능개발목표)이다. MDG가 저개발국의 빈곤이나 인간의 기본욕구 미충족 문제에 선진국들이 참여해서 해결해야 한다는 개발도상국과 저개발국 위주의 글로벌 개발목표라면, 지속가능한 평화가 위협받는 미래세대의 보편적 과제인 지속가능개발목표는 사회·경제·환경적 차원이 통합된 모든 국가에 해당하는 개발목표이다. 21세기로의 전환기, 제3천년 시작연도에 코피 아난 전 UN 사무총장이 주도하여 추진한 것이 MDG(2001-2015)이고, MDG의 성공적 성과를 기반으로 반기문 전 UN 사무총장 주도로 추가적으로 진행된 것이 SDG(2016-2030)이다.

　　모든 인간은 동등하게 기본적 자유와 권리를 누린다고 공포한 '세계인권선언'은 전쟁과 폭압 같은 공포로부터의 자유뿐만 아니라 인간의 생명유지 자체를 위협하는 결핍으로부터의 자유가 보장되어야 함을 강조하였다. 여기서 공포에 대항할 수 있는 표현의 자유, 결사의 자유, 종교의 자유, 사상의 자유, 선거의 자유 같은 자유인으로서 누려야 하는 기본적인 권리인 자유권이 있다면, 더불어 자유인의 사회·경제적 기반으로서 노동권, 교육권, 복지권, 주거권, 문화권을 포함하는 사회권이 있다. 이러한 인간의 기본적 자유와 권리는 모든 인간의 양도할 수 없는, 불가분의, 전부적 권리라고 '세계인권선언' 서문에서 밝히고 있다. 이러한 인류의 보편적 인권이 서구 제국주의와 피식민지 국가로 양분되었던 근대 역사 속에서 서구 민주주의 개념으로 비치는 경향이 있지만, 식민지하에서 민족주권을 가열차게 요구하며 식민지해방운동을 벌였던 제3세계 민중들도 근대 인권운동에 기여한 주체라는 점을 부정해서는 안 된다. 즉, 개인적 권리옹호 차원을 넘어선 공동체적 생존과 결속 차원에서 반식민주의 인권운동이 이뤄졌다고 볼 수 있다. 그래서 보편적 인권을 중심으로, 식민지 가해에 가담했던 식민종주국이 식민지적 강제로 인해 자주적 발전의 기회를 봉쇄당했던 피식민지 해방국가의 사회 개발 문제에 적극적으로 책임 있게 참여해야 한다고 한 선언이 MDG(새천년개발목표)이다. 피식민지해방국인 AALA(Africa, Asia, Latin America)권의 가난한 나라들이 당면한 문제를 내 문제, 지

구촌 문제로 생각하고 함께 지혜를 모아 해결하자는 것이 글
로벌 정의로서 새천년개발목표이다. 전쟁의 20세기에서 평화
의 21세기로 전환되는 새로운 천년(Millennium)이 시작하는 해
인 2001년부터 개발도상국의 저개발과 빈곤 문제 해결을 위
한 국제연대활동의 성공적 안착을 위해 적극적 시민교육이
전 세계적으로 강조되었다.

　　MDG는 개발도상국들이 우선적으로 해결해야 할 8개의
하위목표로 구성되어 있다. 절대빈곤 감소, 모두를 위한 교육
권 확보를 위한 초등교육의 보편화, 차별받는 여성의 역량 강
화를 통한 여학생 교육과 성평등 향상, 유아 사망률 감소, 산
모의 건강증진, 에이즈를 비롯한 불치의 감염병 퇴치, 개발도
상국의 지속가능발전 및 이를 위한 글로벌 파트너십 형성 등
의 8개 개발목표는 글로벌 정의를 위해 도달해야 할 최소한의
지표였다. 선진국 입장에서 보면 비록 자국의 당면문제는 아
니나, 저개발국의 개발비용은 과거의 제국주의 국가, 즉 현재
의 선진국가들이 내야 한다고 UN에서 결론지었다. 개발비용
은 서구 기독교의 이웃사랑 정신에 따라 가난한 개인을 자선
하는 형식이 아닌 국가의 공적 자금으로 비율을 정해 부담하
라는 것이다. 이것이 공적개발원조(Official Development Assistance,
ODA)이다. 이를 토대로 MDG 기간(2001-2015) 동안 8개 지표에
서 상당한 성과를 거두었다. UN MDG Report(2015)에 의하면,
1일 1달러 미만의 최저생활을 하는 개도국의 절대빈곤율이
1990년 47%에서 2015년 14%로 감소하였고, 이에 따라 절대

빈곤인구도 19억 명에서 8억 3천 명 이하로 줄었으며, 영양결 핍 인구도 절반 가까이 감소하였다. 보편적 초등교육 달성률 은 91%에 달했으며, 이에 따라 학교 밖 청소년 수도 감소하고, 문해율도 증가하였다. 그 외 여학생 학교교육 이수율 증가 및 양성평등지수 향상, 유아사망률 감소, 산모건강 증진, 에이즈 를 비롯한 말라리아나 결핵 및 기타 감염병으로 인한 사망률 감소가 두드러졌다. 전 세계적으로 오존지수 개선효과가 나타 나고, 위생수치가 개선되었으며, 빈민지역 거주자 비율이 감소 했다. 이를 위한 국제협력 다자간기구가 설립되고 ODA기금이 66% 증가하여, 예상된 성과를 넘어 MDG가 성공적으로 달성 되었다고 전반적으로 평가된다. MDG 추진과정에서 한국은 과거 식민종주국가가 아닌 피식민지 해방국으로서 공적개발 비용을 적극적으로 충당한 예외적인 국가로 주목받았다. 비 록 ODA 부담이 UN 권고기준인 0.7%에는 이르지 못했지만, 2006년 설립된 국제개발협력위원회를 통해 대한민국이 할 수 있는 비교우위 부문에서 8개 목표에 걸쳐 종합적으로 개발협 력에 참여했다.

이같이 개도국의 절대빈곤 및 사회적 저개발 문제를 글로 벌 이슈로 의제화하여 선진국과 개도국 간 협력을 통한 1단계 성과를 이루어냈다는 긍정적 평가에도 불구하고, MDG는 선 진국은 빈곤 문제가 없다는 편견을 심어주고, 글로벌 불의라 는 구조적 문제는 외면하며, 무엇보다 정부 간 협력에만 치우 쳐 있어 시민사회 섹터의 참여가 제한되었다는 문제점이 있다. 그럼에도 이 과정에서 세계경제체제의 토대가 건강해야만 지구촌 평화가 가능하고 미래가 지속가능하다는 세계시민정신이 성숙하였고, 저개발국의 빈곤문제 해결은 결국 지구촌 전체에게 유익한 글로벌 정의라는 세계시민성 담론이 세계시민교육의 필요성을 낳았다. 또한 ODA는 과거의 신식민주의주의적 원조가 아닌 공공개발협력이라는 점을 분명히 했고, 이렇게 전환된 개념으로 국제개발협력교육이 세계시민교육과 함께 세계무대에서 정식으로 공론화되었다.

국제개발협력교육 및 세계시민교육 공론화를 주도한 국제기관은 UN이다. UN이 중심이 돼서 지구촌 문제 해결을 위해 모든 시민이 세계시민정신으로 각성할 것을 요구하였다. SDG를 준비한 반기문 전 UN 사무총장이 지속가능개발을 위한 세계시민교육을 강조했다면, MDG를 구축한 코피 아난 전 UN 사무총장은 평화와 인간안보 중심의 세계시민교육을 주장했다.

지구촌 평화를 위한 인간안보 기반의 비판적 세계시민성을 함양하는 교육을 강조했던 코피 아난에 이어 반기문은 지구촌 공동체의 상생적 시민의식 함양을 위한 세계시민교육을 적극적으로 강조했다. 예를 들어 "한국은 유엔에서 원조를 받은 국가였고, 나는 유엔이 원조해서 출판된 교과서로 공부했다. 오늘날 대한민국은 세계경제대국이 되었고, 이제는 우리가 ODA를 주는 국가다. 한국이 이렇게 발전할 수 있었던 토대가 교육이기에 교육을 통한 사회변혁, 혁신, 세계시민 양성에 기여하자."는 개념이 반기문의 글로벌교육우선구상 GEFI(Global Education First Initiative)이다. "글로벌 교육을 최우선 적으로 시작하자"라는 틀은 세 단계로 구성되어 있다. 모든 교육적 관심의 시작은 교육기회 확대다. 둘째는 어느 누구도 소외되지 않게 양질의 교육을 보장받는다. 셋째는 지구촌 공동체 시민으로서 모두의 안녕을 위해 국제개발과 협력을 확대하기 위한 마음가짐인 세계시민성을 교육하자는 것이다. 반기문 전 UN 사무총장의 GEFI 아이디어는 세계시민교육의 필요성으로 이어졌고, 이것은 2015년 인천 '세계교육포럼'에서 공식적으로 제안되어 미래교육의 근간으로 '교육2030' 인천선언에 반영되었다. 그리고 UN 주도로 2016년부터 시작할 SDG의 17개 목표 중 4.7에 세계시민성 함양 교육의 필요성이 구체적으로 명시되었다.

SDG는 MDG의 후속 글로벌 개발 아젠다로, 개도국 위주의 개발 아젠다였던 MDG와 달리 선진국도 해당하는 포괄적인 글로벌 개발 아젠다이다. 또한 도달 목표 항목 구성에 정부 대표만 참여한 것이 아니라 시민사회, 학계, 기업 등 모든 개발 행위 주체자도 다양하게 참여하여 세부적인 도달목표와 기준을 정하였다. 무엇보다 MDG가 빈곤퇴치를 사회·경제개발의 핵심의제로 설정한 데 비해, SDG는 경제개발을 통한 빈곤퇴치만으로는 인류가 당면한 문제 해결에 제한적일 수밖에 없다는 점에서 인권과 사회적 포용 같은 사회적·경제적·환경적 개발을 포괄한 지속가능개발 목표를 설정하였다. 2016년부터 시작하여 2030년에 종료될 SDG는 MDG가 제기했던 문제의식과 형식 면에서는 유사하다. SDG1은 MDG1과 마찬가지로 빈곤 근절이다. SDG2는 기아 문제 해결을 위한 포괄적 식량안보, SDG3은 MDG4+5+6을 포괄한 인류의 건강과 웰빙의 토대인 총체적 보건안보, SDG4는 MDG2보다 훨씬 발전된 양질의 포용적인 교육제도 구축, SDG5는 MDG3의 성평등과 여성문제의 포괄적 해결이다. SDG6+7은 MDG7에서 언급한 환경적 지속가능개발인 수자원과 에너지, SDG8+9는 지속가능한 경제 시스템 및 고용구조 확립, SDG10은 국내, 국가 간 불평등 감소 및 차별 철폐, SDG11은 지속가능한 도시와 거주 공동체 수립, SDG12는 지속가능한 생산과 소비, SDG13는 기후위기 대처, SDG14는 지속가능한 해양자원, SDG15는 지속가능한 육상생태계, SDG16은 정의, 평화, 지속가능한 포용체제 구축, SDG17은 지속가능한 글로벌 파트너십 구축 등으로 구성된다. 이렇게 볼 때 MDG를 넘어서 SDG의 새로운 목표는 8-16항이다.

일반적으로 지속가능발전교육이 UN 지속가능발전교육 10년UNDESD(UN Decade of Education for Sustainable Decelopment, 2005-2014)에서 언급한 통합적 틀보다는 환경적 지속가능성을 중심으로 교육하는 것을 의미하는 경향이 있다. 하지만, SDG 교육(education about/for SDG)이란 SDG4를 포함하여 SDG 17개의 목표를 포괄적으로 이해시키고 그 안에서 요구되는 세계시민성을 함양하여 책임 있는 세계시민으로 적극적으로 행동하여 글로벌 정의를 실현하도록 독려하는 적극적 시민교육을 말한다. SDG4의 교육목표도 교육의 지속가능성을 담보하는 틀을 만들기 위한 종합적 도달목표이지 지속가능개발교육만을 위한 목표를 의미하는 것이 아니다. 즉 지구촌이 처한 글로벌 위기를 이해하고, 문제 해결을 위한 태도와 가치를 길러 적극적으로 문제 해결에 나서는 시민을 양성하는 교육으로 학령전 교육부터 성인교육에 이르는 평생학습 과제를 담고 있다. 모두를 위한 포용적이고 공평한 양질의 교육을 보장하고 평생학습 기회를 증진하는 것을 목표로 하는 SDG4는, 오늘날 코로나로 훼손된 교육회복의 방향과 일치한다. 그것은 '세계인권선언' 26조를 토대로 1989년에 공포된 'UN아동·청소년권리협약' 제28조와 29조에서 밝힌 모두를 위한 교육권(the rights to education)의 핵심 내용이 진화된 틀이다.

제28조

1. 당사국은 교육에 대한 아동의 권리를 인정하며, 균등한 기회 제공을 기반으로 이 권리를 점진적으로 달성하기 위해 특별히 다음 조치를 취해야 한다.

　가. 초등교육은 의무적으로 모든 사람에게 무상으로 제공되어야 한다.

　나. 일반 및 직업교육을 포함한 여러 형태의 중등교육 발전을 장려하고, 모든 아동이 중등교육의 혜택을 받을 수 있도록 하

며, 무상교육을 도입하거나 및 필요한 경우 재정적 지원을 하는 등 적절한 조치를 취해야 한다.

다. 모든 사람에게 능력에 따라 고등교육 기회가 개방되도록 모든 적절한 조치를 취해야 한다.

라. 모든 아동이 교육 및 직업 관련 정보와 지침을 이용할 수 있도록 조치를 취해야 한다.

마. 학교 출석률과 중퇴율 감소를 촉진하는 조치를 취해야 한다.

2. 당사국은 학교 규율이 아동의 인격을 존중하고 이 협약을 준수하는 방향으로 운영되도록 보장하기 위해 모든 적절한 조치를 취해야 한다.

3. 당사국은 특히 전 세계의 무지와 문맹 퇴치에 이바지하고, 과학기술지식 및 현대적인 교육체계에의 접근성을 높이기 위해 교육부문의 국제협력을 증진하고 장려해야 한다. 이 문제에 있어서 특별히 개발도상국의 필요를 고려해야 한다.

제29조

1. 당사국은 아동교육이 다음 목표를 지향해야 한다는 데 동의한다.

가. 아동의 인격, 재능 및 정신적·신체적 잠재력의 최대 계발

나. 인권과 기본적 자유, 유엔헌장에 규정된 원칙 존중

다. 자신의 부모와 문화적 주체성, 언어 및 가치, 현 거주국과 출신국의 국가적 가치 및 이질적인 문명에 대한 존중

라. 아동이 인종적·민족적·종교적 집단 및 원주민 등 모든 사람과의 관계에 있어서 이해, 평화, 관용, 성(性) 평등 및 우정의 정

> 신에 입각해 자유사회에서 책임 있는 삶을 영위 하도록 하는
> 준비
>
> 마. 자연환경에 대한 존중
>
> 2. 이 조 제1항에 대한 준수와 교육기관의 교육이 국가가 설정한
> 최소기준에 맞아야 한다는 조건하에, 이 조 또는 제28조의 어떤
> 조항도 개인 및 단체의 교육기관 설립·운영의 자유를 침해하는 것
> 으로 해석되어서는 안 된다.

SDG4에서 제시한, 모든 교육에서 누구도 소외되지 않는 모두를 위한(for all) 양질의 교육과 평생학습 체계 보장이란 단순히 초등이나 중등교육기회를 모두에게 보장하라는 기회확대의 의미를 넘어서서 모든 인간의 자기실현을 위한 끊임없는 교육적 노력을 보장해 주는 지속가능한 교육 시스템 구축을 말한다. 초중등교육, 영유아교(보)육, 직업기술교육 및 교육에서의 성평등, 교사연수, 장애인 교육기회 등 SDG4의 양적 지표만을 기준으로 보면 한국의 교육목표달성은 크게 어렵지 않을 듯하다. 문제는 우리 교육이 누구도 소외되지 않는 포용적이고 공평한 교육인지, 특히 사회적 취약집단의 교육에서 그들의 특수요구가 충분히 잘 배려되고 적절하게 제공되고 있는지, 그리고 SDG4.7에서 제시한 보편적 가치교육을 통해 사회적 위기에 대처하는 회복탄력적 자세를 형성해주고 있는지 여부다.

Goal 4. 모두를 위한 포용적이고 공평한 양질의 교육 보장 및 평생학습 기회 증진

4.1 2030년까지 모든 여아와 남아가 양질의 초등 및 중등교육을 무료로 동등하게 이수할 수 있도록 하여 유의미하고 효과적인 학습성과 달성으로 이어지도록 한다.

4.2 2030년까지 모든 여아와 남아가 초등교육을 받을 준비가 되도록 양질의 영유아 발달과 보호, 취학 전 교육에의 접근을 보장한다.

4.3 2030년까지 모든 여성과 남성이 동등하게 양질의 지불 가능한 기술훈련, 직업훈련, 대학을 포함한 3차 교육에 접근할 수 있도록 한다.

4.4 2030년까지 취업, 양질의 일자리, 기업활동을 위해 필요한 전문기술 및 직업기술을 포함한 관련 기술을 보유한 청소년과 성인 수를 대폭 늘린다.

4.5 2030년까지 교육에 대한 성별 격차를 해소하고 장애인, 선주민, 취약한 상황에 처한 아동을 포함한 취약한 사람들이 모든 수준에서의 교육 및 직업훈련에 평등하게 접근하도록 보장한다.

4.6 2030년까지 남녀불문 모든 청소년과 상당한 비율의 성인이 문해 및 산술능력을 갖추도록 한다.

4.7 2030년까지 지속가능발전, 지속가능한 생활양식, 인권, 성평등, 평화와 비폭력 문화 확산, 세계시민이식, 문화다양성 존중과 지속가능발전을 위한 문화의 기여 등에 대한 교육을 통해 모든 학습자들이 지속가능발전을 증진하기 위한 지식과 기술을 습득할

수 있도록 한다.

4.a 모두를 위해 아동, 장애, 성별을 배려한 교육시설을 건축하고 개선하며, 안전하고 비폭력적이며 포용적이고 효과적인 학습환경을 제공한다.

4.b 선진국 및 기타 개발도상국에서 직업훈련, 정보통신기술, 기술·공학·과학 프로그램을 포함한 고등교육을 받을 수 있도록, 2020년까지 개발도상국, 특히 최빈국, 군소도서개도국, 아프리카 국가에 전달되는 장학금의 수를 전 세계적으로 대폭 늘린다.

4.c 2030년까지 개발도상국, 특히 최빈국 및 군소도서개도국의 교원훈련을 위한 국세협력 등을 통해 우수한 교원 공급을 대폭 확대한다.

코로나 정국에서 학교폐쇄로 인한 학교교육기회의 제한과 사교육 남발 그리고 무엇보다 교육적 돌봄의 약화는 특히 취약아동·청소년들의 교육 포용성과 공정성을 상당히 제약한다. 빈곤이 미치는 교육적 결과는 학업결손 문제뿐만 아니라 사회·정서적 제약, 신체적 발달 저하 그리고 가정문화 해체 등으로 이어질 수밖에 없어 아동·청소년의 삶 자체의 지속가능성을 해치는 경우도 있다. 그래서 코로나 상황이 초래한 교육 돌봄의 약화 문제를 해결하는것도 지표의 하나로 추가되어야 한다. 코로나 상황에서 SDG4.1+2의 학령전 및 보편적 교육의 완전한 실현문제가 바로 현실적인 제약조건으로 다가온다. 누구도 소외되지 않게 양질의 교육이 공평하고 포용적으로 제공될 수 있는 교육환경을 다양하게, 학습자 중심으로 조성해주는 것이 교육회복의 선결조건이다. 이것은 개별 학교의 조건에 따라 달라질 수밖에 없기에 국가는 아동 최상의 이익 관점에서 지원행정을 펼쳐야 한다.

SDG4, 3+4는 고등교육과 성인교육이 해당하며, 성평등 관점에서도 제기되는 문제항목이다. 특히 코로나로 대학을 비롯한 고등교육기관도 대부분 폐쇄되었다. 실습이나 직업훈련이 대면 상황으로 허용되지 않기 때문에 교육의 질이 떨어지는 것은 피할 수 없다. 우리나라 교육의 80% 정도가 사립고등교육인 상황에서 고등교육 불평등은 교육비에서뿐만 아니라 교육의 질 그리고 학벌로 상징화되는 교육결과에서의 차별로 나타난다. 그리고 양질의 일자리가 교육계만의 노력으로 찾아질 수 없는 상황에서 경제양극화가 낳은 좋은 일자리의 편중과 청년실업의 가중은 고등교육과 성인교육의 지속가능성을 장담하기 어렵게 만든다.

이어지는 SDG4+5는 한국경제와 사회구조의 본질적인 문제로, 경쟁적 자본주의에 적응된 한국교육의 한계다. 이 역시 교육계 홀로 해결할 수 없는 문제이며, 복지와 고용, 문화가 통합된 정책으로 사람 중심의 접근이 이루어져야만 순차적으로 해결될 수 있는 장기적 과제다. 사회적 약자의 교육권을 인권적 관점에서 보장한다는 정책적 원칙 없이는 정량적 목표 도달이 무의미하다.

　SDG4.6은 상대적으로 한국사회에서 문제가 되는 항목
은 아니었다. 교육이수율이 높고 학교교육의 질도 높아 기초
문해 수준은 거의 문제가 없다. 하지만 오늘날 학교폐쇄로 인
한 학력손실은 전반적인 아동·청소년의 기초문해력도 저하시
키는 결과를 낳고 있다. 성인들의 경우도 대부분의 지역사회
문해교실이 폐쇄되는 상황이라 이들의 문해역량도 개선되지
않고 있다. 따라서 온라인 접근이 어려운 취약층에 대한 다양
한 시도가 이루어지기 위해서는 지역사회 교육자원의 효율적
인 네트워크가 필요하다. 또한 문해역량도 기초 문해를 넘어
서서 생활 문해나 디지털 문해를 포함한 정치적 문해로 새개
념화되어야 한다. 포용이란 젠더, 장애, 계층, 인종, 능력, 외모
등 모든 차별 요인을 제거하며 공정한 기회를 제공하여 누구
나 사회적 기여를 할 수 있도록 참여시키는 것을 말한다. 다
문화 따로, 장애 따로, 젠더 따로, 계층 따로 이렇게 정책화하
여 정책부서별로 독립적으로 집행하는 것은 포용가치에 맞지
않다.

　SDG4.7은 지속가능개발목표를 달성하기 위한 교육적 토
대로, 세계 어느 곳에 있는 학습자들이든지 지속가능발전, 지
속가능한 생활양식, 인권, 성평등, 평화와 비폭력 문화 확산,
세계시민의식, 문화다양성 존중과 지속가능발전을 위한 문화
의 기여 등에 대한 교육을 해야 한다는 것을 강조하는 목표
다. 이를 기반으로 모든 학습자가 자발적으로 지속가능개발목
표에 도달하려고 노력한다면 이것이야말로 세계인이 연대하

여 평화와 개발협력을 이룰 수 있게 하는 세계시민교육의 완전한 틀이 된다. SDG4.7에서 언급한 보편가치들은 '세계인권선언'이나 'UN헌장' 혹은 '유네스코헌장'에서 일찍이 주창했던 인본주의적 교육 가치로, '교육2030'에서도 재차 강조되었다. 하지만 한국의 국가교육과정에는 이 부분이 온전히 반영되어 있다고 보기 어렵다. 특히 국가교육과정이 경쟁이데올로기와 자민족중심주의를 극복하지 못하는 한 SDG 4.7은 자칫 공허한 좋은 말로 제시하나 구속력 없는 교육적 구호로 전락할 것이다. 따라서 SDG 4.7의 개념들을 자국 현실에 맞게 교육하고 계속해서 교육관계자들을 의식화하지 않는 한 이것을 중요하다고 생각할 사람은 거의 없기 때문에, 적극적으로 교육과정에 반영하여 개별 교과나 학교활동을 통해 확산시켜 나가야 한다. 그런 점에서 학교뿐만 아니라 전 생애학습을 통해 이를 내면화하려는 노력이 시민교육운동으로 일어나도록 모두의 노력이 요구된다.

이어지는 4.a, 4.b, 4.c는 교육인프라 구축의 특성이 있는 교육환경, 교육지원, 교사교육의 방향을 언급하는 목표다. 4.a에서 언급한 아동친화적, 장애친화적, 젠더친화적 특성을 고려한 학교시설의 구축은 이전의 획일적인 학교환경에서는 찾아볼 수 없는 이질적인 표현이지만, 미래학교는 당연히 비폭력적이고 포용적이며 효과적인 아동친화적 교육환경으로 재구축되어야 한다. 4.b는 교육ODA에 해당될 수 있는 영역으로, 공정한 운영이 요구되는 글로벌 연대교육을 말한다. 반기문 전 UN 사무총장이 한국의 사례에서 언급했듯이, 받은 만큼 되돌려주는 교육적 파트너십을 확대하기 위해 저개발국에 대한 교육적 재정지원과 협력은 세계시민교육에서 가장 강조되는 항목이다. 4.c.는 교사교류 및 양성 프로그램을 협력하는 것으로, 모든 교육 관련 국제규정에서 강조되는 주제다. 코로나 위기 상황에서 강조되는 원격 디지털 교육 활성화를 위한 국제 협력과 지원은 매우 시급하다. 교사가 홀로 교육의 성과를 책임질 수 없지만 교사의 헌신 없이는 어떠한 교육성과도 기대할 수 없다. 특히 코로나 상황에서 교사가 모든 교육돌봄의 짐을 홀로 질 수는 없지만 적극적으로 대응할 수 있도록 국제적으로 지원하는 교육연대활동은 시급하다. 유네스코와 OECD 그리고 세계은행 등 지구촌 교육에 책임 있는 국제기구들의 적극적 지원을 통한 글로벌 교육정의 실현이 그 어느 때보다도 요구된다.

맺음말

위드 코로나를 위해 우리가 할 수 있는 교육회복 노력은 어떤 것이 있을까?

2년이 넘는 사회적 거리두기 기간 동안 사람들은 많은 생각을 했을 것이다. 코로나가 장기화된 불확실성의 사회에서 '내가 만난 사람이 확진자면 어떡하지'를 매일 반복하며 살고 있다. 친한 사람이라도 같이 차 마시고도 불안하고 함께 맛있게 식사하기도 두렵다. 초상이 나도, 청첩이 와도 기꺼이 가서 인사하기도 쉽지 않은 상황이 계속되고 있다. 이러한 격리로 지친 아이들을 위해 무조건 학교를 열자고 하자마자 아이들을 코로나가 괴롭힌다. 학교가 코로나의 무법지대다. 20대 미만 아동·청소년의 코로나 발병률이 급증하고 있다. 아이들은 백신도 불안해서 아직 못 맞게 했다. 많은 교사나 학부모들은 3차 부스터 샷까지 했으나 그렇지 못한 아이들은 모여서 수업도 듣고 급식도 해야 하는데 어떻게 하나. 코로나가 장기화된 상태로 학교 문을 연 '뉴노멀(new normal)' 상황에서 배경이 다

양한 아이들이 모여 있는 교실에서 교사는 무엇을 준비해야
하고 지역사회는 어떻게 지원해야 하는가?

　코로나가 민주주의의 성과를 단숨에 날려 보냈다고 한탄
한다. 민주주의는 모든 것을 시민의 합의로 결정한다. 민주주
의 사회는 이 과정이 다수결의 원칙에 따르지만 소수 의견도
존중하면서 경청하고 그 과정에서 상호이해의 폭이 넓어지는
사회를 말한다. 그러나 코로나 상황이 보여주듯이, 자신은 옳
고 남은 다 틀렸다는 식의 극단적인 이원론이 난무한다. 상대
방의 말에는 관심조차 기울이지 않으면서 자기 주장만 옳다
며 상대방에게 폭력을 가하는 폭력적 극단주의의 실상을 우
리는 매일같이 본다. 그래서 교육회복을 위한 적극적 시민교
육에서는 무엇보다 이성을 회복하여 민주주의적 가치와 질서
로 돌아가는 것이 모든 시민의 일상회복 차원에서 시급한 조
치다. 둘째는 폭력적 극단주의 행태로 나아가지 않고 더 평화
적이고 비폭력적인 공존 역량을 기를 수 있도록, 사회적 거리
두기가 가능한 범위 안에서 사회적 친화집단을 만들어 주는
것이다. 셋째는 미래세대를 위한 노력에 동참하는 적극적 시
민교육이다. 학교가 정상적으로 문을 열고 기능할 수 있게끔
지역사회가 일상회복에 앞장서야 한다. 나를 위하고 너를 위
한다는 공생의 시민의식 차원에서 방역수칙을 포함한 모든
감염병 예방조치를 철저히 지켜나가도록 학교 안팎에서 코
로나 시민교육을 적극적으로 실시한다. 마지막으로 교육회복
을 위한 적극적 시민교육의 방향과 원칙은 인간안보와 SDG

의 틀 안에서 종합적으로 수립되어야 한다. 이를 기반으로 지
속가능한 미래를 위해 교사와 학부모 그리고 지역민들이 코
로나에 이성적으로 대처하고 교육회복에 앞장설 수 있도록 역
량을 촉진하는 시민교육을 해야 한다.

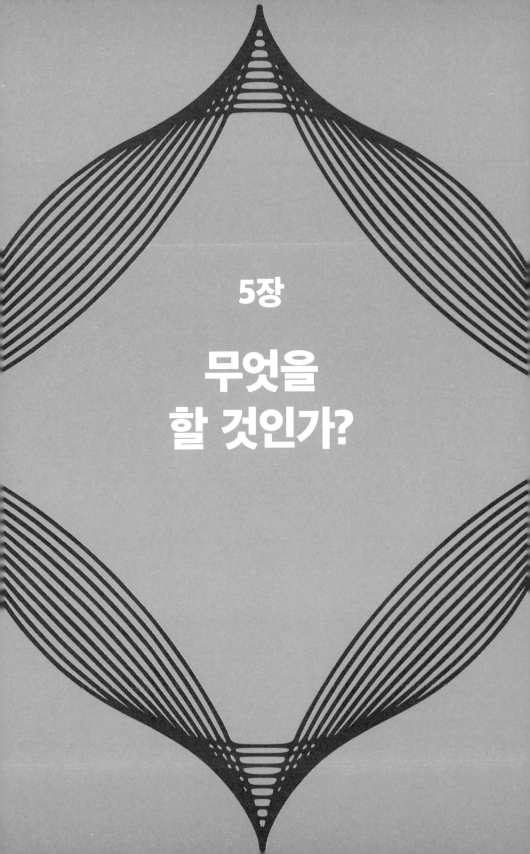

5장

무엇을
할 것인가?

코로나 팬데믹 상황에서는 가난한 국가든 부유한 국가든 교육공백으로 사회적 위기에 처한 아이들을 구제할 교육회복 방안들이 다양하게 시도되고 있다. 이에 막대한 비용이 들어가고 있음에도 아이들이나 학부모들이 체감하는 만족도는 그리 높지 않다. 분명한 것은, 지금이라도 교육회복을 일상회복의 근원으로 삼고 전 사회적 노력을 하지 않으면 이후 점증하는 불평등으로 인한 사회적 격차를 좁히기 어렵고 결국 시민적 불만에 불을 지펴 사회안전망을 해치게 될 것이라는 점이다.

그런 의미에서 글로벌 차원에서 이루어지는 코로나 이후 사회적 위축에 대응하는 교육회복의 에코시스템 관점은 시의적절하다고 본다. 에코시스템의 가장 중심에 고통받는 아이들과 가정이 있고, 이를 둘러싼 학교공동체가 있으며, 학교가 작동하는 지역사회의 지원활동이 적재적소에 펼쳐질 수 있도록 정부는 제도적 인프라를 갖추고, 글로벌 환경은 국가 모니터링를 통해 국제협력과 연대를 효율적으로 할 수 있도록 글로벌 거버넌스를 확립한다는 사회생태학적 교육회복 모형은, 교육회복을 단지 학습결손 복구로 보거나 취약층에 대한 선별적 지원으로 이해하려는 미시적 차원을 넘어서는 포괄적 접근 모형이다. 물론 코로나 팬데믹으로 가장 피해가 큰 취약 아동·청소년부터 교육회복 사업을 시작하는 것은 맞다. 여기서 분명한 것은, 교육회복의 방향이 SDG4의 포용적이고 공평한 양질의 교육을 어느 누구도 소외되지 않고 제공받도록 하기 위한 포괄적인 방안이어야지, 사회취약층을 임의로 선별하여 대상화해서는 안 된다는 것이다. 그래야만 우리 사회에 체질적으로 내재된 교육모순이 코로나 팬데믹을 극복하는 과정에서 해소되고 개선된 교육 본연의 상태로 올바로 회복될 수 있다. 즉, 코로나 위기가 교육 본연의 틀로 복구할 수 있는 전환적 기회가 되는 것이다.

국제사회 전문가들의 중론은, 코로나 팬데믹 위기극복의 성패는, 콘트롤 타워로서 실효성 있는 교육회복 정부정책 발효와 아울러 아이들과 일차적으로 접촉하는 교사와 학부모의 돌봄과 교육의 기능 회복에 달려있다는 것이다. 재정은 중요하지만 돈만 퍼붓는다고 좋은 정책이 되는 것이 아니다. 여기서 인권기반의 교육회복 방안이 민주적으로 수립되고 효율적으로 집행되어야 하며, 교사의 역할도 교과전문가로서 가르침에만 몰두하는 교사에서 '피스메이커이면서 돌봄 노동자로 희망을 일구는 적극적 시민'으로 재개념화되어야 한다. 무엇보다 학교에서는 코로나 팬데믹뿐만 아니라 언제고 올 수 있는 사회적 위기상황에서도 위축되지 않을 탄력적인 균형감각을 갖출 수 있도록 사회정서학습(SEL)을 장려하여 자기주도적인 비판적 시민으로 책임 있게 성장할 수 있는 교육환경을 조성해야 한다.

이러한 교육환경은 온 마을이 함께 움직일 때 가능하기에 학교 안팎에서 적극적 시민교육이 요구된다. 한 예로 IMF 이후 지역 환경이 교육격차에 미치는 영향이 커지자 지역사회와 함께하는 교육복지투자우선지역 사업을 전개했는데, 이때 교육복지사들이 했던 교육돌봄의 역할이 오늘날 코로나 상황에서도 긴히 요구된다. 교육돌봄 인력들의 협업을 강조하는 해외 사례에서 볼 수 있듯이, 학교 내에서 아이들을 위해 활동하는 교사와 교육복지사, 전문상담사 등 교육돌봄 교직원들이 모두 적극적으로 아이들을 살리는 일에 동참해야 한다. 특히 보건교사의 역할은 코로나 팬데믹으로 인한 건강 지원에 중심을 잡고 학교방역 원칙을 세우고 아이들을 신체적으로나 사회·정서적으로 치유하고 돌보는 데 아주 중요하다. 학교 차원에서 코로나 방역에 필요한 보조인력 및 자원인력을 관리하고 조정하는 학교관리책임자의 통합적 역할은 따로 강조하지 않아도 그 중요성은 두말할 필요가 없다.

코로나 팬데믹 상황에서 국가별로 정부가 중심이 되어 지자체와 교사단체 및 학부모단체, 시민사회가 함께 교육회복 종합방안을 마련하는 것은 세계적 동향이다. 중앙정부가 일방적으로 기준을 만들고 학교는 이를 따라오라는 하향식 회복방안은 개별 단위에서 심한 저항을 받기 쉽다. 반면 학교단위의 자율성을 강조하면서 책임 있게 개별 학교의 형편에 맞는 방침을 세워 운영하라는 상향식 방안은 자칫 개별 학교나 담당 교사에게 가해지는 책임 소재를 놓고 정부를 성토할 우려가 있다. 대부분의 국가가 비슷한 처지에 놓인 팬데믹 상황에서 보편 기준을 찾기는 어려우나 그럼에도 OECD와 EI가 밝힌 10대 원칙을 기초로 한국 교육회복의 다섯 가지 원칙을 제시하고자 한다. 한국적 맥락에 적합한 교육회복 방안을 창안하여 사회적 회복탄력성을 높인다면, 코로나 팬데믹 이후 야기될 사회적 불안요인을 성찰하며 이에 대처할 수 있으리라 기대한다.

1.
누구도 소외되지 않는
포용적이고 공평한
교육회복 정책 수립

　　장기화되어 가는 코로나 팬데믹으로부터 고통받는 아이들을 위한 교육회복 정책은 그들의 실제 상황과 학교의 현황에 대한 정확한 모니터링에 기초하여 어느 누구도 소외되지 않는 균형 잡힌, 포용적이고 공평한 교육회복 방안으로 인정받을 수 있어야 한다. 교육회복 관련 행위 주체자들이 다 함께 참여하여 기획한 교육회복 방안에 대해 학교 관계자들은 신뢰할 만하며 실행 가능하다고 믿고 따를 수 있어야 한다. 많은 국가가 온라인 수업, 돌봄 프로그램, 학교시설 개선, 교사교육, 학부모 지원 프로그램, 방역 관련 비용 등으로 막대한 교육회복 예산을 쏟고 있음에도 교육돌봄 관련자들이 효과적이지 않다고 느끼는 문제에 대해 충분히 모니터링하며 체감 가능한 개선안을 내놓아야 한다. 사실 교육부 혼자 학교재개나 방역과 관련하여 투명한 기준을 제시하기란 어렵다. 학생 취업 및 실습이나 학교 내 필요인력 관련해서는 고용노동부와, 청소년 지역사회 활동이나 다문화가정 자녀교육과 관련해서는 여성가족부와, 탈북아동·청소년 관련해서는 통일부와, 아동 돌봄 및 장애아동 관련해서는 보건복지부와, 온라인 수업 관련해서는 정보통신부나 EBS와, 그리고 방역수칙 관련해서는 질병관리청의 안내를 받으며 믿고 따를 수 있는 투명한 기준을 제시해 주어야 한다. 부처마다 제시한 교육회복 기준이 달라 학교현장의 혼란을 야기해서는 안 된다. 자칫 정부의 지침이 학교에서 수용할 수 없는 하향식 전달사항에 불과할 경우 현장에서 반발을 불러일으킴은 물론, 아이들의 욕구가 외면될 수밖에 없다. 물론 우리나라에서 정부부처 간 협업이 쉽지 않은 상황이라 그 효과가 제한적일 수밖에 없고, 할 수 있는 일도 한계에 부딪히게 되는 현실적 제약으로 어려움은 있다. 그럼에도 모든 국제기구가 제안하듯이, 교육회복은 아이들을 위해 전 부처가 다 함께 정책을 세우고 실제 현장 중심으로 해결방안을 모색해야 한다.

교육부는 2021년 7월 '교육회복 종합발표'를 하고 이어 9월에 '교육회복지원위원회'를 구성하였다. 지역 차원에서도 화급한 교육결손 대처 방안을 공론화할 필요가 있었기 때문에 교육지자체뿐만 아니라 일반 지자체들도 적극적으로 참여하였다. 이것은 교육계가 당면한 코로나 팬데믹 위기에 신속하게 대응하며 대책을 합의하는 특별 위원회의 성격이어야 하는데,

위원 구성이나 운영 형식을 보면 ad hoc committee(일정 기간의 문제 해결을 위한 합의체 특별위원회)의 성격은 없어 보인다. 전 세계적으로 코로나 팬데믹은 교육 불평등을 심화시키고 있는 것으로 진단되므로 코로나 위기에 대처하는 교육회복은 교육격차를 더 벌리게 해서는 안 된다. 위원회에서는 SDG4에서 제시한 지속가능개발 교육목표에 따라 무엇이 교육회복에서 추구할 교육의 공평성이고 포용성인지 심도 있게 논의하여 기준을 제시해야 한다. 교육 불평등의 온상인 사교육이 학교폐쇄를 대체하는 형국으로 가게 해서는 안 된다. 교육부가 제시한 적시성, 종합성, 책무성의 원칙이 진단에서 평가에 이르기까지 교육, 보건, 사회적 서비스 부문이 상호조정되는 과정에도 적용될 수 있어야 한다. 코로나 교육위기에 대한 효율적 대처를 지휘하는 콘트롤타워로서 교육부는 교육회복 인프라가 안정적이고 실효성 있게 구축되어 학교를 거쳐 아이들에게 효율적으로 전달되도록 해야 할 것이다.

2.
맞춤형 사회정서학습(SEL)으로
자기주도적 학습회복을

코로나 팬데믹으로 인한 교육공백이 학생마다 다양하게 나타나므로, 학생별로 차별화된 맞춤형 사회정서학습을 통해 회복탄력성을 길러 자기주도적인 학습회복 프로그램을 만들어 가도록 지원해야 한다. 교육회복은 학생들이 처한 사회·경제적 배경, 젠더, 인종적 배경, 이주 배경, 학업능력 차이, 거주 지역 등 각각의 환경을 고려하면서 양질의 교육을 위해 요구되는 자원을 각자의 특성에 맞춰 제공할 수 있도록 구조화되어야 한다. 특히 코로나19로 인한 사회·정서적 요구에 대한 지원 없이는 포용적 교육회복이 불가능하다. 교육의 목적은 궁극적으로 자기주도적 삶을 영위할 수 있도록 인지적, 사회·정서적, 신체적 균형을 잡아 주는 것이므로 국제사회에서는 사회정서학습(SEL)을 권장하고 있다. SEL은 자기이해, 타인이해 그리고 사회적 관계 맺기를 통해 건강한 자아정체성을 확립함으로써 자기주도적 삶을 준비하며 비판적 성찰과 적극적 참여를 통해 책임 있는 시민으로 성장하도록 돕는 정서적, 사회적, 인지적 통합 학습이다. 사회정서학습은 학업결손 보완을 직접적 목표로 하지 않고 사회·정서적 안정을 통해 자발적으로 자기주도적인 학습보완 노력을 하도록 지원하는 학습프로그램이다. 이런 까닭에 각국의 교육회복 방향으로 사회정서학습이 장려되고, 유네스코나 OECD에서 SEL 교사연수를 제공하는 것이다.

코로나 팬데믹으로 학교가 폐쇄되면서 발생한 교육공백이 광범위한 학습결손을 낳았고 사회적 교육불평등을 훨씬 심화했다는 것은 전 세계적 공통현상이다. 글로벌 맥락에서 보면, 저개발국일수록 코로나의 영향이 심각하고 교육회복을 위한 예산도 부족하여 그만큼 교육격차가 더 크게 나타난다. 학생들의 대면활동이 제한된 상황에서 대안은 온라인 원격학습이지만, 저개발국의 경우 전기통신기술도 빈약하고 인터넷 설비도 충분치 않아 학습결손이 전반적으로 발생한다. 반면 선진국은 상대적으로 고품질의 맞춤형 온라인 원격지원이 가능하고 코로나 방역을 철저히 하면서 학교재개도 일찍 한 상황이라 학습결손에 대한 사회적 대처는 크게 문제되지 않는다. 그럼에도 취약아동일수록 가정에서 대체 돌봄이 제한받는 상황이라 코로나의 타격을 크게 입을 수밖에 없다. 코로나 팬데믹 상황에서 극빈층이 입는 교육적 타격은 아주 크고 이것이 이후 불평등을 더 심화시킬 것이기 때문에, 무엇보다 교육회복의 출발을 사회적 배려층 집중지원에 두는 것은 시급하다. 그래서 코로나 위기뿐만 아니라 여러 사회적 재난 시기에 사회적 위기 집단인 취약층에 대한 사회·정서적 요구를 충분히 배려하여 낙담하지 않고 마음근력을 기를 수 있도록 전학교 차원에서 사회정서학습이 권장되고 있다. 단지 사회적 취약층의 사회·정서적 우선학습지원만이 아니라, 어느 누구도 소외되지 않게 코로나 위기에서 맞춤형 사회정서학습을 통한 자기주도적 학습보완노력이 가능하도록 지원하는 통합적 교육회복 방안으로의 전환이 요구된다.

3.
하이브리드 수업 설계로
모두에게 양질의 교육을

    코로나 팬데믹으로 인한 전면적인 비대면 원격학습 틀을 학생들의 다양한 요구에 맞춰 피드백이 가능한 구조로 발전시키고 다양한 형태의 대면학습도 가능하면 적극적으로 제공하는 하이브리드 수업 설계로 모두에게 포용적인 양질의 교육을 허용해야 한다. 사실 쌍방 소통이 가능한 온라인 원격학습은 교사와 학생, 교사와 학교관리자, 학교와 가정 사이의 피드백을 효과적으로 받게 하여 일방적 대면수업보다 효율적일 수 있는 미래교육의 상징적 수업방법이다. 4차 산업으로의 전환을 예고하면서 제시했던 이러한 온라인 원격수업의 장점에도 불구하고, 우리 학교와 교육 시스템은 코로나 환경에서 이전의 대면학습을 손쉽게 대체하는 일방적 비대면 학습으로만 활용하였기 때문에 비대면 학습이 학습결손의 원인으로 비판되었다. 따라서 코로나에 대응하고 더 나아가 4차 산업 기반의 미래를 준비하는 혁신교육의 차원에서 학생들의 자기주도적 학습을 지원할 수 있는 체계적인 온라인 원격수업설계를 발전시켜야 한다. 여기서는 디지털 매체뿐만 아니라 아날로그 방식의 종이 매체 및 대면 실습활동, TV나 라디오 같은 방송이나 소셜 미디어 등 다양한 교육매체들을 골고루 활용하여 학생들의 다양한 교육 요구를 충족시켜줄 수 있다. 이렇게 원격과 대면학습이 섞이는 하이브리드 학습과정에서는 사회적 거리두기도 자연스럽게 조정되고 수업방식도 다양해질 것이므로 교사나 학생 모두 교육만족도도 높아질 것으로 기대한다. 이를 위한 교육재정 투입이 요구된다. 우리가 노력만 하면 원격교육 틀 안에서도 학생들과 소통할 방법이 많은데도 실상은 학생들을 혼자 TV나 라디오 혹은 인터넷 앞에 남겨놓기 때문에 학습결손으로 이어지는 교육적 죄를 낳게 되는 것이다. 코로나 위기는 학습다양성을 실험할 수 있는 좋은 기회다.

　한국은 자타가 인정하는 소위 인터넷(IT) 강국이다. 하지만 원격학습 인프라를 보면 일방적 소통인 교과지식 전달에 머물러 있다. 상호작용이 잘 이루어지지 않는 온라인 원격수업을 아이들이 지겨워하고 있고 그래서 학습결손을 낳는다고 비판받는 형국이다. 하루빨리 교육전문기관들과 협력하여 적극적 학습의 효과를 높일 수 있도록 보다 체계적인 디지털 학습 인프라가 구축되도록 해야 한다. '뉴노멀' 혹은 '넥스트 노멀'로 온라인 비대면 학습은 코로나 이후 미래교육에서 불가피하다. 여기서 학생들의 교육 경험을 위축시키는 불평등한 학습환경을 개선해주는 포용적 디지털 원격교육이 함께 진행되어야, 비대면 학습이 야기할 수 있는 사회적 취약층의 학습결손 누적을 예방할 수 있다. 또한 디지털 원격학습 인프라를 구축하기 어려운 저개발 국가들에 대한 기술지원 및 교육과정지원을 함으로써 아이들이 세계시민으로 성장할 수 있는 계기를 만들어 줄 수도 있다. 이렇게 할 때 코로나로 인해 발생한 교육 불평등과 디지털 격차를 해소하여 코로나 위기가 지나간 뒤에도 교육체계 전반을 새 시대의 변화에 맞춰 재구성할 수 있게 된다.

4.
교육회복의 성패는
교사에게 달려 있다

코로나로 패닉 상태에 빠진 학교와 아이들을 성공적으로 회복시킬 가능성이 교사들에게 달려있기 때문에 교사의 회복탄력성을 높이는 노력이 있어야 한다. 코로나 시기 교사교육의 주안점은 교사가 처한 코로나 위기를 극복하면서 코로나 관련 업무를 효과적으로 처리하고 학생들의 학습과 사회·정서적 욕구를 충족시켜주며 학교를 행복한 공간으로 만들어가는 적극적 시민정신 강화에 있어야 한다. 교사의 직무만족도나 복리, 교육전문가로서의 자부심이 학교문화나 학생들의 학업성취에 긍정적으로 영향을 미친다는 것은 주지의 사실이다. 긍정적이고 행복한 학교 만들기에서 교사의 역할은 절대적이다. 그러기에 교사는 자신이 아무리 힘들어도 학교에서는 학생들을 위해 참고 견뎌야 하는 도덕적 절대자로 존재하게 된다. 코로나 팬데믹으로 학생과 학부모뿐만 아니라 교사 자신도 디지털 수업환경에 적응해야 하는 어려움이 있다. 이전보다 훨씬 심각하게 다가오는 학생들의 사회·정서적 지원활동도 해야 한다. 따라서 교사 스스로가 힘든 아이들을 위해 코로나 상황에서의 자기 역할을 적극적으로 사고하며 대처해야 한다. 불황을 타지 않는 학교에서의 안정적인 임금노동자로만 존재하는 교사는 본인이 경험하게 되는 코로나 문제만 심각하지 아이들이 당면한 고통을 함께 해결하려는 적극적 의지가 없다. 그러면 교사도 힘들고 학생도 힘들어 결국 학교는 사회적 존재 이유가 없는 죽어가는 제도로 사회에서 외면받을 수밖에 없다.

학생들의 방역을 챙기고, 건강상태를 주의 깊게 살피며, 온라인 원격학습에 어려움이 없는지 헤아리고, 필요한 사회적 지원은 무엇인지 찾아보며, 사회적 관계 단절로 생긴 사회·정서적 욕구를 충족시킬 학습방법을 탐구하는 교사들이 집단적 노력을 해야 한다. 특히 학교마다 편차가 크기 때문에 해당 학교가 당면한 문제 해결을 위한 노력을 관련 교육주체들과 함께 기울여야 한다. 여기서 소통은 아주 중요하다. 마스크를 쓰고 있는 아이들의 눈빛을 보고 아이들이 무엇을 힘들어하는지, 무엇이 필요한지, 누가 필요한지 등에 대해 지속적인 관심을 갖고 필요한 지역 네트워크를 연결해 주는 노력이 요청된다. 여기서 다양한 교사연수가 필요하다. 대면이든 비대면이든 할 수 있는 교사연수가 상당히 많다. 사회정서학습을

연수받아 학생들에게 적용해 보고, IT 기반의 디지털 교육공
학 연수를 통해 온라인 학습지원이 가능하도록 노력하며, 어
려운 학생들을 위해 지역사회 가용자원을 찾아 연결시키는
활동도 가능하다. 이미 많은 적극적 교사들이 창의적인 코로
나 교수법을 만들어 사용하고 있다. 이런 사례들을 확산하며
적용을 늘려가는 노력들이 요구된다. 이렇게 적극적으로 배우
면서 코로나 위기에 적극적 대처하는 교사는 학력이 떨어질
까 봐, 친구 사귀기가 어려워서, 등등의 이유로 두려움과 불안
에 떠는 아이들을 위해 끊임없이 아이들과 대화를 이어간다.
이런 과정에서 교사 전문성도 강화된다.

5.
적극적 시민교육으로
교육회복을

　　교육회복의 행위주체자인 학생, 교사, 학부모, 지역사회시민들이 교육회복에 기꺼이 참여하도록 적극적인 시민교육을 활성화하여야 한다. 코로나가 불러온 교육손실을 온전히 회복하기 위해서는, 모두가 적극적으로 참여하여 일궈내는 교육회복에 대한 시민적 각성이 전제되어야 한다. 즉 교육회복에 대한 사회적 합의가 이루어져야 한다. 2년여 동안 모든 사람이 다 힘들었기에 그 고통을 함께 나누고 공감해 줄 대상을 찾는 시민적 노력이 일어나야 한다. 감염병이 얼마나 위험한지를 알리는 수준을 넘어서서 코로나 팬데믹의 정치공학적 논의도 크고 작은 지역 사회 교육회복 토론에서 다루어야 한다. 학교에서는 불안한 코로나 정국의 현상을 아이들이 느낀 대로 말하게 하고 토론하면서 코로나 시위의 원인과 효과에 대해 스스로 생각하고 답하게 해야 한다. 이러한 집담을 통해 코로나 팬데믹의 두려움과 공포로부터 벗어나 '그럼에도 우리가 가야 할 평화의 길, 교육회복'을 꿈꾸며 미래를 열어갈 수 있도록 시민교육을 해야 한다.

비록 오늘은 코로나 팬데믹으로 불안하지만, 어떻게 나를 관리하고 타인과 관계를 맺으며 불의에 맞서 저항하며 시민으로서 책임 있는 행동을 적극적으로 펼쳐나갈 수 있는지에 대해 객관적 정보를 바탕으로 시민교육함으로써 함께 미래를 여는 것이다. 지역공동체로부터 세계공동체에 이르기까지 우리가 할 수 있는 교육회복 노력에 적극적으로 참여하도록 포용적인 시민교육정책을 펼침에 국가주의를 초월하고 지구촌 공동선을 추구하도록 수업설계를 하게 해야 한다. OECD 국가들은 저개발국가들의 교육회복을 지원하기 위해 글로벌 교육 협력(GPE)에도 참여하고 각종 글로벌 연대활동에 적극 관여하여 보다 나은 미래세대 발전에 이바지할 수 있도록 해야 한다. '전 지구적으로 생각하고, 지역에서 행동하라'는 세계시민교육 구호는 코로나 팬데믹에 대응하는 적극적 시민교육의 원칙이다.

서유럽 국가에서 태동한 히틀러 파시즘이 오늘날에도 경제·사회적 위기 국면에서는 자주 정치적 입지를 확보하는 경향이 있다. 경제적 양극화 국면에서 서구 극우 정당들이 부상하는가 하면 코로나 상황에서 백신 반대 시위대에서도 자주 나치 기가 휘날리는 것을 볼 수 있다. 극우 정치선동이 여

전히 서유럽 정치계에 통한다는 사실이 학계에서는 시민교육
의 한계로 거론되기도 한다. 2011년, 정치(시민)교육이 잘 이루
어지는 노르웨이에서조차 백인 기독교근본주의에 기반한 극
단주의 테러리즘이 일어났다는 것은 분명 시민교육의 위기
로 보인다. 하지만 근본주의적 극단주의 테러리즘에 대처하는
노르웨이 시민들의 성숙한 자세 역시 적극적 시민교육의 진정
한 성과다. 한 생존자가 "잊을 수도, 잊어서도 안 되지요. 하지
만 비통함 속에서도 살아가는 법을 배웠습니다."라고 한 말은,
극단적인 고통과 슬픔 속에서도 마음근력이 어떻게 회생해야
하는지를 보여주는 회복탄력성의 예다. 이것이 노르웨이 시
민교육의 진정한 성과인 것이다. 이러한 회복탄력성이 코로나
환경에서 외롭고, 두렵고, 불안한 우리 아이들을 위한 교육회
복의 방향으로 요구된다.

부록 1

효과적이고 공평한
교육회복 10원칙

EI(Education International)와
OECD(Organization for Economic Cooperation and Development), 2021년

1부:
팬데믹 시기의 학교교육

팬데믹 시기의 가장 중요한 목표의 우선순위는 학습의 연속성을 보장하고 학생의 웰빙을 지켜주는 데 있다. 배우고 가르치는 것은 지식을 주고받는 서비스일 뿐만 아니라 관계적이고 사회적인 경험이다. 사회적 상호작용을 촉진시키는 장소로서 학교의 중요성이 학교 건물 폐쇄로 인해 한층 부각되었다. 가상 수단만으로는 충분히 시킬 수 없는 학습의 사회적 차원을 팬데믹이 제한하였다.

원칙 1: 학교를 최대한 안전하게, 가능한 한 많이 열게 할 것

팬데믹 시기에, 학생과 학부모에게 교육 서비스의 신뢰성과 예측 가능성을 보장하는 것이 필수적이다. 학교가 폐쇄된 기간에도 모든 학생이 전담 교육자와 매일 접촉해야 한다. 원격 학습이 장기간 지속되는 국면은 피해야 하며, 하이브리드 학습에는 주간 또는 월간 일정표보다 매일 주는 일과표가 더 효과적이다.

팬데믹은 아동·청소년 교육에서 학교의 본질적 역할을 부각했다. 학생, 교직원과 인근 주민의 위험을 최소화하는 보건 대책을 적절히 취하면서 학교를 가능한 한 열어야 한다. 학교와 교육 서비스를 위한 투명한 기준들—방역구역 설정 및 모임 규모 제한, 마스크 착용, 실내 환기, 검사, 자가격리, 백신 접종, 교실 폐쇄 또는 학교 폐쇄 등—을 결합하여 일선에서 유연하게 시행할 수 있게 하는 것이 중요하다. 하이브리드 학습과 원격 학습은 두세 번째 차선책으로, 학교를 열어두어서는 학생과 교직원의 안전을 지키는 것이 불가능하다고 판명되는 경우에만 이용해야 한다. 하이브리드 학습은 학교가 더 적은 수의 학생들 요구를 언제라도 충족할 수 있게 해주며, 2부제 수업, 수업시간 단축, 일부 원격 및 일부 대면 활동 등 여러 가지 형태로 실행할 수 있다. 감염확산 수준에 따른 투명한 기준과 지침을 제시하고 다양한 학교교육 방식을 적절히 고려하는 것이 필수적이며, 일선에서 시행의 유연성을 갖게 하는 것도 필수적이다. 학습, 평가, 사회·정서적 성장의 최적 조건을 확보하는 가장 좋은 방법은, 방역 당국과 교육 당국이 교사 및 교원단체, 학부모, 공동체, 기타 이해관계자와 공조하는 협업을 통하는 것이다.

특히 유효 학습 시간을 더 줄이는 형태로 학습역량 개발을 제한하는 곳에서는, 학습자의 인지적·사회적·정서적 발달이 균형을 이루도록 무엇을 가르칠 것인지에 관한 우선순위를 교육 시스템이 명확히 확립할 필요가 있다. 등교 학습이 제한적이거나 제약되는 경우, 새로운 내용에 대한 수업, 원격수업 자료 준비 및 검토, 효과적인 학습전략 개발과 동기부여, 사회적 학습에 우선순위를 두어야 한다. 교육자와의 직접 접촉이 특히 중요하고, 디지털 방식의 대안이 별다른 효과가 없는 저학년 학생에게 등교 학습은 특별히 중요하다.

원칙 2: 공평성을 확보하고 필요여건에 맞추어 자원을 배분함

팬데믹이 초래한 위기는 불공평을 다루는 회복으로 이어져야 한다. 학대 위험에 노출되거나 정신 건강이 취약한 아동처럼 위기의 영향을 크게 받은 사람과 사회·경제적 배경이 좋지 않은 학생에게 더 많은 관심을 기울이며 지원해주어야 한다. 이러한 지원에는 조언(mentor)과 개인지도(tutor)가 포함될 수 있다. 학생들의 삶에 끼친 팬데믹의 사회·정서적 영향과 학습 기회 축소 등의 문제를 해결하려는 노력은 폭넓은 진단 및 평가 시스템에 기초해야 한다. 사회적 거리두기로 학교의 역량이 제한된 곳에서는 어린아이와 취약계층 학생에게 등교 학습의 우선권을 주는 것이 중요하다.

교육, 보건 및 기타 사회서비스는 자원을 늘리거나 재배분할 필요가 있어서, 더 큰 협동과 조정이 필요하다. 자원은 필요여건에 맞추어 배분하고 학생과 학교의 사회·경제적 상태를 투명한 방식(예컨대, 기금 공식 이용)으로 반영해야 한다. 여기에는 인터넷과 디지털 기술 혹은 다른 수단을 통한 학습자원 이용에서의 불공평을 다루고 완화하는 것이 포함되어야 한다.

원칙 3: 모든 학생이 이용할 수 있게 설계된 원격학습 인프라를 구축할 것

일부 국가에서, 팬데믹으로 촉발된 학생들의 원격학습 장비 이용이 균등하지 않으며 사회적 배경 및 지리적 여건에 의해 학생들 사이의 학습 격차가 확대된다는 증거가 나타나고 있다. 많은 국가에서, 체계적인 원격 학습 인프라가 팬데믹 이전에는 존재하지도 않았다. 각국은 학습을 지원하도록 설계된 다양한 양식의 원격학습 인프라를 발전시켜서 필요로 하는 학생들에게 다양한 학습 기회가 주어지게 해야 한다. 이러한 원격학습 인프라는 교사와 학생 간, 교사와 학교 당국 간, 학교와 가정 간에 효과적인 피드백이 가능하게 해야 한다.

그와 같은 인프라를 구축하고 평가하는 데는 교육계 및 관련 당사자와 단체를 끌어들이고 참여시켜 그들이 팬데믹 시기에 원격학습을 제공하거나 이수한 경험을 활용해야 할 것이다. 학습에서 교사, 또래 및 지역사회와 이루어지는 상호작용 차원이 유지되도록 보장하면서 각자의 영역을 넘어서 여러 가지 매체를 이용하는 다양한 현실을 고려해야 한다. 다양한 양식의 접근은 교과서와 전화를 이용한 학습 지원은 물론 가상수업 도구, 온라인 학습 플랫폼, TV와 라디오 등 방송교육, 학습지, SNS 채널 등을 망라할 수 있다. 이러한 지원 인프라에 대한 투자는 장기적으로 더 체계적이고 포용적인 학습 환경 조성에 기여할 것이다.

원칙 4: 교사들의 전문성이 유지되도록 지원할 것

교사와 학교는 지금 그리고 미래에도 학생 학습의 중심에 있을 것이므로, 팬데믹 시기와 팬데믹 이후 회복기에 그들의 일을 지원하는 목적에 맞춰 근무조건과 전문적 학습을 조정할 필요가 있다.

교사의 직무만족도, 웰빙, 신념과 전문성은 밀접히 연관되어 있으며 학생의 학습성과에 영향을 미친다. 직무만족도는 교사들, 학교문화 그리고 궁극적으로 학생들에게 긍정적인 영향을 준다. 교사의 웰빙과 학생의 웰빙은 통합되어 하나로 이어진다.

팬데믹으로 학교공동체, 교사, 행정직원, 그들이 가르치고 지원하는 학생들, 그리고 학부모가 상당한 중압감에 시달렸다. 많은 교사가 급속히 변하는 상황에 적응하고, 최신의 건강 보호 조치를 받아들이고, 교수-학습전략을 조정하고, 학생들의 사회·정서적 학습 욕구에 부응하고, 그들 자신의 전

문적 학습 욕구도 충족하면서, 끊임없이 미시적 혁신을 시도
해 왔다.

방역 당국과 교육 당국은, 교사가 팬데믹 시기(및 팬데믹 이
후 회복기)에 가장 효과적일 수 있게 개선할 필요가 있는 분야
를 찾아내기 위해 개별 교사들이나 교사노조와 함께 교사의
근무여건을 검토해야 한다. 이와 같은 노력은 교사들이 좋지
않은 근무여건에 처할 가능성이 큰 열악한 학교에서 특히 유
익할 수 있다. 이런 검토는 팬데믹 이후 회복기에도 여전히 필
수적일 것이다.

원칙 5: 교사와 학부모가 학습자를 지원할 수 있도록 독려함

교사는 학생들(그리고 필요할 경우 가족들)과 정기적으로 소통
하여 학생의 원격학습을 지원할 수 있어야 하며, 효과적으로
소통할 수 있도록 지원받아야 한다. 교사의 전문성이 학생의
학습과 웰빙을 뒷받침하는 기반이긴 하지만, 교육 시스템도
교사가 전문성을 가질 수 있도록 지원해야 한다.

교육 시스템과 학교는 학생 및 가족과 소통하는 수단과
일정, 훈련 기반, 교사들 간의 관계망 형성 기회, 원격학습을
지원하고 교사가 학생과의 상호작용에 더 많은 시간을 들일
수 있게 하는 다양한 교수-학습 자원을 마련해주는 것을 목

표로 해야 한다. 교사에게 교육과정을 학습자의 필요와 상황에 맞게 적용할 수 있는 권한을 주어야 한다. 교사 지원에 더하여, 교육 시스템은 학부모가 자녀의 학습과 웰빙을 뒷받침할 수 있게 돕는 자원을 마련해주어야 한다. 당국이 교사와 학부모의 의견을 수렴하여 개발한, 효과적인 온라인 안전 지침을 시행해야 한다. 교사에게 온라인 안전 프로토콜을 지원할 필요가 있다.

2부:
효과적이고 공평한 교육을 향한 회복

학교 건물이 폐쇄된 시기에, 대부분 학생에게는 학습하고 향상될 기회가 코로나 위기로 인해 축소되었으며, 교사들의 설문 조사에 의하면 학업성취도가 높은 학생과 낮은 학생(그리고 학부모의 사회·경제적 지위가 높은 학생과 낮은 학생, 기타 취약 집단의 학생) 간의 학력 격차가 코로나 위기 시기에 확대되었다는 우려를 낳고 있다. 이와 동시에, 팬데믹으로 학교와 교사 주도의 새로운 학습 인프라 개발 및 실험 등의 미시적 혁신활동이 넘쳐났다. 교사들은 이러한 개발에서 학습을 주도했다. 이러한 개발활동을 통해 교육 시스템도 더 효과적이고 공평하게 될 수 있다. 사회 전반에 걸쳐, 팬데믹은 일선의 역량과 시스템의 모든 층위에서 변화 리더십이 중요함을 보여주었다. 학습 환경과 공공정책을 설계하고, 전문적 실천을 발전시키며, 더 강한 전문직 노동 조직을 만들어내는 데 적극적으로 관여하는 교사전문직 지원에 초점을 두는 것이 교육 회복 프로그램에서 가장 중요하다. 이는 전문적 자율성, 교사의 전문성에 대한 신뢰, 협업, 적절한 지원 그리고 모든 수준의 교육 시스템과 교사 경험에서 학습과 참여를 장려하는 문화 등을 결합하는 효과적인 분권적 교사 리더십을 필요로 한다.

원칙 6: 학생들의 학습과 사회·정서적 욕구를 충족하는 맞춤형 지원을 제공할 것

모든 국가는 일부 사회집단의 학생들이 겪은 학습 기회 축소를 다루기 위해 대상 학생에게 추가적인 지원을 제공할 수 있도록 아주 세심한 노력을 기울이고 자원을 투입해야 한다. 교육 회복은 학생의 사회·경제적 배경, 성별, 민족, 이주 배경, 능력 및 거주지가 양질의 교육을 받을 기회와 학습 성과를 좌우하지 않도록 확실한 전략을 개발할 기회를 국가에 준다. 모든 학생은 그들의 학습 요구에 맞춘 폭넓고 균형 잡힌 교육과정을 계속 제공받아야 한다. 많은 학생이 그들의 사회·정서적 욕구에 대한 지원을 필요로 한다.

맞춤형 지원은 여러 가지 형태를 취할 수 있다: 수업 시간 및 방과 후 소그룹 단위 교습, 여름계절학교, 학생의 사회·정서적 욕구에 따른 개별 상담, 초인지 학습 및 협동학습과 구두 개입(oral language intervention) 및 더 나아가 현지 상황에 적절해 보이는 것으로 입증된 다른 형태의 교수법 활용 등을 계속 강조. 이와 같은 교육적 개입에는 학교가 학생들의 사회·정서적 능력과 웰빙 개발을 뒷받침하는 사회적 허브이자 지역 공동체의 중심이라는 점이 고려되어야 한다. 새로운 개입과 접근법은 지역사회 내 학교의 참여하에 시범적으로 추진될 수도 있다.

원칙 7: 탄탄한 디지털 학습 인프라를
교사와 이해당사자들이 공동 설계함

팬데믹은 교육 시스템에 강력한 디지털 학습 인프라 구축의 필요성을 보여주었다. 이 인프라는 교사전문직과 협력하여 개발하고 실행할 필요가 있다. 효과적이고 포용적인 디지털 플랫폼은 많은 학습자의 교육 경험을 훼손하는 불공평을 최소한 부분적으로라도 다룰 수 있고, 모두를 위해 학습 효과성을 높일 수 있는 경험을 학교 안팎에서 갖게 하는 귀중한 자원을 제공해야 한다. 학교와 가정에서 교수-학습을 지원하는 양질의 교육 자원이라는 플랫폼과 학습관리시스템을 넘어서서, 이 인프라에는 최신 디지털 기술에 기반한 디지털 자원이 포함될 수도 있다. 예를 들어, 지능형 개인교습 시스템이 일부 과목에서 절차적 지식(procedural knowledge)을 개인적으로 습득할 수 있게 지원할 수 있으며, 디지털 자원이 교사에게 교수-학습에 대한 피드백을 제공하고 학생들의 지속적인 학습 참여 그리고 또래 및 교사와의 상호학습을 가능하게 할 수 있다. 이러한 새로운 학습 인프라는 교사와 학생들이 함께 설계해야 하며, 교사가 자기 학생들을 위한 학습과 교육지원을 향상시키는 데 초점을 두어야 한다. 기술적 해법이 다른 해법과 함께 작동하기 쉽게 해주는 것(상호운용성), 교사와 관련 이해당사자가 학습자원에 공헌할 수 있게 허용하는 것(크라우드 소싱), 학습자원의 수집, 분류 및 구조화에 모든 사람을 참여시키는 것(크라우드 큐레이팅) 등도 강력한 디지털 인프라의 핵심이 될 것이다. 이 인프라의 평가와 품질보증에는 제공자를 위한 투명한 기술 기준이 포함되어야 하고 교사, 학생 및 학교공동체의 피드백을 그 중심에 두어야 한다.

원칙 8: 교사들이 전문적 학습 기회로부터 혜택을 얻고 전문성을 발휘할 수 있도록 권한을 부여할 것

팬데믹 이전에는 교사들이 수업에서 교육공학을 활용하는 것을 교직전문성 개발을 위해 우선적으로 필요한 것으로 여기긴 했지만, 오늘날엔 팬데믹에 대응하기 위해 많은 교사가 코로나 위기에 적합한 전문적 교과개발 활동을 수시로 창안해내고 있다. IT 기반 교수법의 미래 잠재력을 강조하면서, 많은 혁신적이고 창의적인 학습 참여활동이 이루어졌다. 팬데믹의 교훈은, 교사가 자기 수업의 일부로 교육공학을 사용하는 데서 교직전문성을 발휘할 권한의 필요성을 느낀다는 것이다. 이로써 모든 교사 연수 과정에 교육공학을 통합시키게 되고, 교사들이 동료 간 학습 프로세스를 통하여 디지털 교수역량을 개발할 수 있게 하는 더 협력적인 플랫폼을 만들어 전문적인 학습 프로젝트를 수행하게 된다. 많은 교사노조가 팬데믹 시기의 핵심 활동으로서, 교사들을 위해 효과적이고 매우 가치 있는 학습을 공급하는 교직전문성 개발 가상 프로그램을 제공했다. 이 교훈은 교사전문직 사회에 상당한 시사점을 준다. 교육 당국은 교사, 교원단체 및 기타 관련된 이해당사자와 협력하여, 팬데믹의 교훈에 의거해 교사의 학습과 전문성 개발을 위한 체계적인 전략이 창안되도록 고려해야 한다. 이렇게 함으로써 강사, 코치, 멘토, 동료 및 조력자라는 교사의 다중적인 전문적 역할이 충분히 인정되고, 보상받고, 보증되도록 해야 한다. 자율성, 동료와의 협업, 지속적인 전문적 학습이 구현될 수 있는 근무환경을 창안해낼 수 있는 사람이 바로 적극적인 변화 행위주체자의 핵심으로서 교사와 학교 지도자 자신들이다.

원칙 9: 학교공동체와의 파트너십을 토대로 협력적인 혁신 문화를 장려함

팬데믹 시기에 부상된 상당수의 중앙정부 부처들, 학교별 교직원과 교원단체 그리고 기타 교육 이해당사자들 사이에 결성된 혁신적이고 협력적인 파트너십으로부터 많은 것을 배울 수 있다. 그러한 파트너십 정신은 지속되어야 하고, 모두를 위한 공평성과 교육성과를 높이기 위해 개방적이고 건설적인 접근으로 코로나 위기의 유산을 혁신 문화로 전환시켜야 한다. 혁신 문화는 개인, 단체, 시스템 수준에서의 학습에 좌우되며, 상향식과 하향식 과정 그리고 합목적적 협업과 학습을

내포한다. 효과적인 리더십 아래 전문가적 자율성, 자원 지원
및 협업을 결합하면 좋은 실천이 시스템 내 문화로 자리 잡
게 하는 데 도움이 된다. 방역 당국과 교육 당국은 회복의 조
건을 창출하고 이 혁신 문화를 지속시키는 데 제반 관련단체
뿐만 아니라 교사와 행정직원을 최고의 동반자로 여겨야 한
다. 이 혁신 문화의 어떤 측면은 공동으로, 국내적 혹은 국제
적으로 모색될 수도 있는데, 다음과 같은 측면에 초점을 맞출
수도 있다: 등교수업과 원격수업을 결합하는 새로운 방식, 학
교교육을 체계화하고 교사의 역할을 다시 그려보는 새로운
접근, 교사의 시간을 풀어주어 학생의 인지학습 및 사회정서
학습을 더 잘 지원할 수 있게 하는 새로운 교육공학적 수용
방식, 원격으로 사회적 상호작용을 북돋우는 효과적인 방법,
자기 자녀의 학습을 지원하는 데 학부모를 참여시키는 새로
운 방식 등.

원칙 10: 국내 혹은 국제적인 증거로부터 학습할 것

　　팬데믹이 진정된 이후 그 교훈을 살려야만 성공적인 교육
회복이 이루어질 것이다. 이제까지 이루어진 일을 기반으로
실패한 일을 반복하지 않는 것이 대단히 중요하다.
　　회복은 보건 위기에 뒤이은 시기의 기회와 도전을 잘 이
해하고 이를 바탕으로 팬데믹 이후 세계의 새로운 교육 상황

에 빨리 반응해야 한다. 학생, 학부모, 교사, 정책입안자 등 다양한 원천에서 나오는 증거로부터 양적 방법론과 질적 방법론을 모두 활용해 이로부터 교훈을 도출해야 한다. 교육 회복은 많은 요인에 달려 있지만, 핵심은 왜 어떤 전략은 성공했고 어떤 전략은 실패했는지에 관한 이해에 달려 있다. 교육 시스템 내의 모든 이해관계자는 국내외의 다양한 증거를 교육 및 학습 개선 수단으로 받아들이고 활용해야 한다. 여기에는 자기 나라보다는 다른 나라들의 교육 개혁, 새로운 구상 및 연구에서 나온 증거가 포함된다. 교육 연구가 실천가와 정책입안자들에게 무엇이 효과가 있거나 있을 것 같은가에 관해 적절하고 탄탄한 증거를 제공할 수 있지만, 팬데믹의 한가지 교훈은 교육 시스템이 학생의 학습, 학생과 교사의 웰빙, 그리고 취약집단 학생에 관한 더 나은 정보에 대해 신속히 피드백하는 자료 수집 및 분석 과정을 강화하고 다각화해야 한다는 점이다. 교육의 모든 부문과 모든 교육 이해관계자를 포함하는 회복 프로그램의 효과성에 대한 시스템 전반의 평가가 필수적일 것이다.

부록 2

코로나19에 대한
유네스코 교육의 대응

유네스코 세계시민과 평화 교육부와 마하트마 간디 평화와 지속가능개발 교육센터

2020년 4월/ 이슈 노트 N° 1.2

코로나 위기 시기에
아동·청소년의 사회·정서적 웰빙을
증진함

들어가기

코로나19 팬데믹은 도시봉쇄, 학교 폐쇄, 물리적 거리두기 및 익숙한 환경 상실 등을 피할 수 없게 만들었다. 이동 제한, 일상생활 중단, 사회적 상호작용 축소, 전통적 학습 방법 박탈 등으로 청소년과 그들의 가족 그리고 지역사회에 미치는 압박감과 스트레스 및 불안이 커졌다.

학부모와 성인 돌봄제공자는, 직장과 지역사회 의무를 곡예하듯 병행하며 가족들을 돌보고 개인의 웰빙을 유지해가면서, 재택교육(home schooling)이라는 난제에 힘겹게 대처하고 있다. 교사들은 검증되지 않은 새로운 교수법에 빠르게 적응해가고 있다. 국가시험이 취소되고 고립과 불확실성의 불안전한 틀로 엉키게 되자, 청소년들은 자신의 교육을 걱정하게 되었다. 소득감소가 최우선적 관심사가 된 가난한 가정에서, 아이들은 홀로 재택교육에 방치되거나 다른 힘든 일을 하러 나갈 수밖에 없게 된다. 흔히 미디어의 선정주의적인 보도가 부채질하는, 정확한 정보와 거짓 정보가 뒤섞인 자극적인 정보의 유포로 팬데믹의 스트레스와 불안은 가중되었다. 이는 위험을 증대시킬 뿐 아니라 불관용, 인종주의, 외국인 혐오 및 증오범죄를 확산시키는 온상이 된다.

　　코로나19가 촉발한 사회불안, 정서적 혼란 및 공포의 불확실성을 다루고 이에 대응하기 위해서는, 가족과 지역사회가 코로나 대처 능력과 정서적 회복력을 키우는 것이 절실히 요구된다. 잘 개발된 사회·정서적 능력과 증거-기반의 실천은 아동, 청소년, 학부모, 교사들로 하여금 건강하고 긍정적인 마음을 유지하고, 감정을 추슬러가며, 의식적 참여행동을 실천하고, 친사회적 행동을 하고, 일상의 도전을 극복하는 데 필요한 지식, 능력, 태도 및 행동양식을 갖추도록 도움을 줄 수 있게 한다.

주제 및 관련 핵심 이슈를 정의함

　　쓰나미든, 시민소요든, 코로나19든 어떤 위기도 패닉, 스트레스, 불안, 분노, 두려움 등 부정적인 반응을 유발한다. 사회정서적 학습(SEL) 능력을 발달시킴으로써, 침착하고 정서적으로 조절된 반응으로 스트레스 상황에 대처하며, 더 많이 알고 하는 의사결정 행동을 가능케 하는 비판적 사고를 강화할 수 있게 한다(Arslan & Demirtas, 2016). 공포와 스트레스 역시 건강과 학습 능력에 해로운 영향을 준다(Immordino Yang &

Damasio, 2007). 노소를 막론하고 모든 학습자에게, 스트레스와 불안은 학습에 영향을 미친다. 두뇌는 사회적으로 연결되고 정서적으로 안정되어야만 비로소 학업 내용에 집중하고 학습에 몰두할 수 있게 된다.

과거의 실천과 현재의 위기에서 배운 사례와 교훈

연구결과에 의하면, SEL도 다른 학과목처럼 가르칠 수 있다. 여러 위기 시대에, 성인과 학부모들이 교사의 역할을 맡고 아동·청소년에게 SEL 능력을 키워줄 수 있다. 가족 프로젝트는 위기 자체에 대한 학습을 포함하는 교육과 예술을 중심으로 설계될 수 있다. 예를 들어, 아동이 선천적으로 이타적임을 보여주는 연구가 있다(Warneken, 2013). 그러므로 이들의 선천적 이타 성향에 동기부여하는 활동을 적극적으로 권장할 수도 있다. 그러한 친사회적 행동은 공포와 분노 같은 부정적 감정을 희망과 자신감 같은 긍정적 감정으로 전환하는 데 도움을 주는 두뇌의 보상 회로를 활성화할 뿐 아니라(Willard et al., 2019), 사람들이 화를 가라앉히고 상호 존중하면서 갈등을 해결하게 하며 윤리적이고 안전한 선택을 하도록 만들 것이다.

- 언제든지 모든 사람이 SEL 훈련을 받도록 법제화한다
아동·청소년과 성인 모두 SEL 능력으로부터 혜택을 볼 수 있다.

SEL 능력은 문제행동이 있는 아동·청소년을 위한 치료법이라기보다 평생 학습 및 성장의 한 부분이다. 특히 아동·청소년에게 SEL 능력을 명시적으로 훈련하면 자신을 완전하고 명확하게 표현할 수 있게 되고, 또래 및 어른들과 더 건강하고 더 나은 관계를 발달시키며 교감을 느낄 수 있게 된다.

- SEL은 학생들의 학업 성취와 종합적인 능력 개발에 밀접하게 연관되어 있다

교육과정에서 명시적으로 훈련된 좋은 SEL 능력이 학업 성취 향상과 높은 상관관계가 있다고 나타난다(Zins, Weissberg, Wang and Walberg, 2004). 학습 미디어, 시각예술, 연극, 춤, 음악 등을 통해 아동·청소년들은 창의적인 인문주의적 경험과 지속적이고 깊이 있는 능력 개발 가능성에 노출되기 때문에, 이런 활동이 주는 내재적 혜택은 엄청나다.

- SEL 능력은 경제를 개선한다

교육 시스템에 SEL이 없으면, 경제 생산성의 잠재적 손실이 GNP의 29%나 커질 수 있다(Duraiappah와 Sethi, 2020).

- 위기 상황에서의 SEL

위기에 처한 여러 국가에서 수집된 증거자료에 따르면, 스트레스와 불안의 나쁜 영향은 SEL학습을 통해 충분히 경감시킬 수 있다. 즉, 적극적 SEL 기법을 제시하며 분명한 SEL 학습활동 기회를 만들고 안전하고 예측 가능한 학습 환경을 제공하여, 정신적 외상을 치유하며 일상생활로 돌아갈 수 있게 해주는 학부모와 돌봄 제공자 및 교사들과 아동·청소년이 긍정적이고 배려하는 돌봄 관계를 형성할 때 가능하다(INEE, 2018).

정책 및 프로그램을 설계하기 위한 핵심적 실무지침

정책입안자와 정부기관들은:

학습공동체의 모든 구성원에게, 어떻게 하면 코로나19의 확산을 방지하고 SEL 능력을 개발할 수 있는지, 코로나19에 관해 신뢰할 만한 증거-기반의 정보를 제공한다.

교사, 학습자, 그리고 그 가족들은 이 위기를 확실히 통제할 수 있다는 생각을 견지하며 행동 방침을 마련하기 위해 어떻게 건강하게 지낼 수 있는지에 대한 간명하고 입증 가능한 정보를 요구하고 있다. TV, 라디오, 모바일 학습 플랫폼, 또 적절하고 가능하다면 다른 수단도 이용해서 SEL 능력 개발에 초점을 둔 학습을 지속하도록 아동·청소년과 함께하는 교육자와 학부모 및 기타 여러 사람을 지원하기 위해 현지에 맞게 조정된 자원을 제공한다.

교사를 배려하며 지원하고 SEL 교사연수에 우선순위를

둔다.

　원격학습 양식들을 이용하고 개발하는 데 한정된 코로나 시기에, 교사의 전문성 개발의 일환으로 SEL에 적절한 관심을 기울이도록 독려한다. 재미있고, 보람되며, 다감각적이고(multisensory), 몰입 가능하며, 체험할 수 있고, 성과-기반의, 측정 가능한 디지털 학습 솔루션을 제공하는 ICT 활용 능력을 교사들이 습득하고 이용할 수 있게 해주어야 한다.(사례: https://mgiep.unesco.org/global-citizenship).

　개인과 공동체의 회복탄력성을 함양시키는 핵심 메시지를 전파하기 위해 디지털 미디어, 라디오, TV의 지원활동을 이용한다.

　서로 지지하도록 고무하고, 연민의 감정을 키우며, 다른 나라 상황과의 유사점을 보여주면서 관용의 메시지를 전파로 알릴 수 있도록, 코로나 위기 시기에 미디어 특히 원격 학습을 가능하게 하는 매체와 공조한다.

　심리·사회적 지원과 SEL을 비상사태와 위기에 처한 맥락에 맞게 재구성한다.

　학교 폐쇄와 가정격리 상황에 맞는 합당한 해결책을 개별 환경에 맞춰 수립할 수 있도록 세심하게 요구 사정하고, 교육과정과 교수법을 이에 맞춰 조정한다; 빠르게 변화하는 새로운 이슈들을 다루기 위한 내용으로 개정한다. 아이들에게 건전한 행동의 모범이 되고 처신이 바른 어른이 SEL을 가르치게 해야 한다. 비상 상황에서 빈번히 발생하는 성적/가정 폭력과 차별을 예방하고 발생 빈도를 줄이는 데 초점을 두고 성적 포용과 사회적 포용을 견지한다.

중장기적으로:

모든 수준의 교육 전반에서(공식, 비공식) SEL의 주류화를 촉진한다.

초등과 중등 수준의 통합 프로그램으로 SEL을 공식 교육의 주류로 편입시킨다. SEL 관련 역량개발에 우선순위를 두고, 긍정적인 심리·사회적 학교 환경 내의 교육과정과 특별활동에서 핵심적인 학습 성과의 일부로 간주하고 그것들을 개발하는 데 충분한 시간을 배정해야 한다.

효과적인 SEL 프로그램은 인권-기반의(rights-based), 과학적으로 엄밀한 증거-기반의, 참여적이고 포용적이며, 젠더 공감적이고, 연령집단별로 세심하게 조정되어 문화적으로 적합한 것이다. 이 프로그램들은 위기 상황에서 생겨나는 해로운 사회적 규범과 관행을 변혁하고 성평등을 촉진할 힘을 지닌다. 또한 효과적인 SEL 프로그램은 교실을 넘어 전체 학교, 가족, 지역사회 및 미디어를 포괄하는 더 큰 에코시스템의 일부여야 한다(OREALC/UNESCO Santiago and Fundación Súmate (2020)).

교사에게 SEL 수업과 실천을 보장한다.

교사양성교육과 교사연수교육 그리고 교사전문성 개발 프로그램에 SEL을 포함하여 교실에서 스트레스를 다루고 사회·정서적 역량을 북돋우게 한다. 학교 행정당국이 현직 교사에게 웰빙을 증진하고, 심리적 고통을 줄이고, 교실 상호작용을 개선하는 데 효과적이라고 밝혀진(Jennings, P.A. (2009), Jennings, P.A. & Greenberg, M.T. (2009) SEL 능력을 습득할 시간과 기회를 반드시 부여한다. 같은 학교 내 그리고 다른 학교 교사들과 함께하는 SEL 실천 공동체를 육성하여 지속적인 학습이 향상되도록 장려한다.

교육기관, 학교, 청소년, 교사 및 학부모를 위한 추가 지침

교사들 간 의사소통과 관계망 형성을 장려한다.

지속적인 교수법 학습, 상호지지 및 웰빙을 증진한다.

건강증진, 마음챙김, 친절 실천을 장려한다.

건강한 식사 습관, 규칙적인 운동과 수면시간을 포함한다. 재미있거나 편안한 일을 하는 시간이 포함된, 유연하지만 구조화된 하루 일과를 따른다. 정신 건강을 튼튼히 하는 것이 무엇보다 중요하다. 마음챙김수련도 적절하게 권장한다. 친절과 연민 어린 행동은 보람 있을 뿐만 아니라 머리를 식히게

해주며, 긍정적 사고를 형성케 한다. 사례: UNESCO MGIEP 의 #KindnessMatters(http://mgiep.unesco.org/kindness; Stress and Coping); Series of Bouba et Zaza videos; Smeshariki vodeos에 ABC of Kindness series(러시아어)가 포함되어 있음.

예술과 문화 그리고 웰빙을 증진하는 놀이의 가치를 강조한다.

놀이는 학습이며, 창의성과 운동기능 및 의사결정 능력을 개발하는 데 도움이 된다. 또한 불안을 줄이고 정서적 회복탄력성을 발달시킨다. 음악, 춤, 그림 그리기 등을 이용하면, 인지 발달은 물론 집중력 향상에서 위험 감수까지, 의사소통과 대인관계 능력도 북돋운다. 학부모와 교육자들은 음악을 이용해 감정의 어휘를 소개하고 축적하게 할 수 있다(Nawrot, 2003). 사례: #KeepMakingArt(코로나19 위기로 촉발된 아동, 청소년, 학부모, 예술가 사이에 희망과 유대감을 북돋우기 위한 전 세계 예술교육자의 운동. http://creative-generation.org/blog-1/keepmakingart-a-campaign-to- inspire-hope-and-connection).

10대 청소년의 사회적 연결을 지원하고 책임 있는 온라인 행동을 육성한다.

10대 청소년들이 SNS와 기디 안전한 거리두기 방법을 통하여 친구들과 연락을 유지하도록 돕는다. 이 기회를 이용하여 그들에게 디지털 공간에서의 안전과 디지털 능력을 개발할 기회에 관해 일깨워준다. 사례: Get Digital(페이스북이 ISTE 와 UNESCO IITE와 제휴하여 시작함); Share your story(유네스코협동 학교네트워크가 #LearningNeverStops운동의 일환으로 위기극복 이야기를 수집해서 공유하고 있음. http://en.unesco.org/covid19/educationresponse/ learningneverstops/)

 학습을 위해 게임과 오디오 자료를 권장한다.
 사회·정서적 학습과 교과 학습을 촉진하는 온라인 및 기타 게임을 아이들에게 소개한다. 가정에서 다음과 같은 학업 능력을 사용해보도록 장려한다. 예를 들어, 수학을 이용하여 레시피의 양을 계산하고, 함께 요리하며, 레시피를 망쳐버린 실패 사례와 잘 만든 요리의 성공 사례를 공유한다. 아울러 저자가 읽어주는 단편소설, 음악이 있는 이야기 등과 같은 오디오 자료를 활용한다. 사례: UNESCOMGIEP FramerSpace. com

 청소년에게 털어놓고 말한다.
 열린 토론과 비판적 사고를 장려한다. 예를 들어, 가상 토론회 등을 조직하고 학습자에게 정보를 뒤집어보라고 요청하며(Media and Information Literacy toolkit https://en.unesco.org/themes/ communication-and-information/covid19-informationsharingcounteringdisi nformation/resource-center), 입증된 과학 자료에 의거하여 코로나 19 및 그와 관련된 근거 없는 믿음에 관해 이야기하는 데 초

점을 맞춘다. WHO 웹사이트(https://www.who.int/emergencies/ diseases/novel-coronavirus-2019/advice-for-public/myth-busters)에서 사례 를 찾아볼 수 있다. 할 수 있으면 기존 학교 네트워크를 이용 하여 세계의 다른 곳에 사는 또래와 가상 교류를 장려한다. 사례: World Health Organization Q&A page

Key references

Socio and emotional learning and related skills

UNESCO Mahatma Gandhi Institute of Education for Peace and Sustainable Development (MGIEP). Official Website https://mgiep.unesco.org/covid

Armand Doucet, Dr Deborah Netolicky, Koen Timmers and Francis Jim Tuscano (2020). Thinking about Pedagogy in an Unfolding Pandemic: An Independent Report on Approaches to Distance Learning During COVID19 School Closures

https://issuu.com/educationinternational/docs/2020_ research_covid19_eng?fr=sYTY3OTEwMzc2ODU

Psychosocial support and SEL in crisis contexts

UNESCO (2014). Stay safe and be prepared: a student's/ teacher's/parent's guide to disaster risk reduction.

UNESCO (2017). Reconstruir sin ladrillos (Building without bricks) - tools for response, preparedness and recovery in emergency contexts

http://www.unesco.org/new/fileadmin/MULTIMEDIA/FIELD/Santiago/pdf/Guia_completa_educacion_emergencias.pdf

EducationLinks (2018). Social and Emotional Learning in Crisis and Conflict settings

https://www.edu-links.org/learning/social-and-emotional-learning-crisis-and-conflict-settings

Additional materials for educators/parents/adults related to COVID-19

UNICEF. Toolkit to spread awareness and take action on COVID-19

https://www.voicesofyouth.org/media/19701/download

UNICEF. Coronavirus disease (COVID-19): What parents should know

https://www.unicef.org/stories/novel-coronavirus-outbreak-what-parents-should-know

World Health Organization. Parenting in the time of COVID-19

https://www.who.int/emergencies/diseases/novel-coronavirus-2019/advice-for-public/healthyparenting

World Health Organization. Mental health and psychosocial considerations during the COVID-19 Outbreak.

https://www.who.int/publications-detail/mental-health-and-psychosocial-considerationsduring-the-covid-19-outbreak

Parenting for Lifelong Health. COVID-19 online resources: 24/7 Parenting resources in multiple languages. Centers for Disease Control and Prevention (CDC). Covid – 19 Daily life and coping

https://www.cdc.gov/coronavirus/2019-ncov/daily-life-coping/

Collaborative for Academic, Social, and Emotional Learning (CASEL). SEL Resources during COVID-19 https://casel.org/covid- resources/

In text references

Arslan, S., & Demirtas, Z. (2016). Social emotional learning and critical thinking

disposition. Studia Psychologica, 58(4), 276.

Chatterjee, N. & Duraiappalı, A.K. (2019). EMC2: a social and emotional learning

framework to build human flourishing. Position paper,

UNESCO MGIEP.

Duraiappah, A. K. & Sethi, S. (2020). Social and emotional learning: the costs of inaction. rethinking learning; a review of social and emotional learning for education systems. unesco publication.

Draganski, B., Gaser, C., Busch, V., Schuierer, G., Bogdahn, U., & May, A. (2004).
Neuroplasticity: changes in grey matter induced by training. Nature, 427(6972), 311.

Durlak, J. A., Weissberg, R. P., Dymnicki, A. B., Taylor, R. D., & Schellinger, K. B. (2011). Enhancing students' social and emotional development promotes success in school: Results of a meta-analysis. Child Development, 82(1), 405-432.

Durlak, J. A., Dymnicki, A. B., Taylor, R. D., Weissberg, R. P., & Schellinger, K. B. (2011). The impact of enhancing students' social and emotional learning: A meta-analysis of school-based universal interventions. Child Development, 82(1), 405-432.

Immordino-Yang, M. H., & Damasio, A. (2007). We feel,

therefore we learn: The

relevance of affective and social neuroscience to education. Mind, brain, and education, 1(1), 3-10.

Jennings, P. A. (2019). The trauma-sensitive classroom: Building resilience with

compassionate teaching. New York: W. W. Norton & Company.

The Inter-Agency Network for Education in Emergencies (INEE) (2018). Guidance Note. Psychosocial support : Facilitating psychosocial wellbeing and social and emotional learning

https://inee.org/system/files/resources/INEE_Guidance_ Note_on_Psychosocial_Support_ENG_v2.pdf

Jennings, P. A., & Greenberg, M. T. (2009). The prosocial classroom: Teacher social and emotional competence in relation to student and classroom outcomes. Review of Educational Research, 79(1), 491-525.

Kimmie Fink (19 March 2020). Just let them play: an alternative approach to schooling at home during the quarantine.

Retrieved from https://www.weareteachers.com/just-letthemplay/

Lambert, P. (2017). Hard focus on "soft" skills. Future Frontiers background paper, NSW Department of Education, Sydney.

Nawrot, E. S. (2003). "The perception of emotional expression in music: Evidence from Infants, Children and Adults". Psychology of Music. 31 (1): 75–92.

OREALC/UNESCO Santiago & Fundación Súmate (2020). COMUNES. Marco para la
transformación educativa desde el aprendizaje socioemocional.

UNESCO (2012). Bouba and Zaza Look After Others.

Warneken., F. (2013) Young children proactively remedy unnoticed accidents. Cognition. 126(1):101-8.

Zins, J. E., Weissberg, R. P., Wang, M. C., & Walberg, H. J. (2004). Building academic
success on social and emotional learning: What does the research say? NY: Teachers College Press.

참고문헌

강대중 외(2020). 코로나19, 한국교육의 잠을 깨우다. 서울: 지식공작소.

권순정, 임혜정, 유선인, 유주영(2021). 포스트코로나 시대의 학교교육과 돌봄에 대한 연구: 중학교를 중심으로. 서교연 2021-77. 서울특별시교육청 교육연구정보원.

교육부(2021). 2020년 국가수준 학업성취도 평가결과. 세종: 교육부.

교육트렌드2022집필팀(2021). 대한민국 교육트렌드2022(한국 교육을 움직이는 20가지 키워드). 서울: 에듀니티.

김경애(2020). 코로나 시대, 학교의 재탄생. 서울: 학이시습.

김기헌 외(2021). 2020년 청소년종합실태조사. 여성가족부(2021)·한국청소년정책연구원.

김선숙(2021). 코로나19와 아동의 삶 설문조사 보고서. NCRC-04-21-004-01. 서울: 아동권리보장원.

김용택(2012). "10대가 아프다." 릴레리 기고(1). 경향신문 2012. 01. 04. https://m.khan.co.kr/national/education/article/201201042132055#c2b

김유리(2020). 코로나19 이후의 학생 심리지원을 위한 마음챙김 교육: 해외 사례를 중심으로. 서교연 2020-64. 서울특별시교육청 교육연구정보원.

김자영, 옥현진, 신태섭, 박미희, 이정연, 최보미(2020). 코로나19와 미래핵

심역량: 디지털 리터러시, 자기주도적 학습능력, 협업능력을 중심으로. 기술보고 2020-05. 수원: 경기도교육연구원.

김창환(2021). 코로나 19의 부정적 영향과 회복을 위한 교육적 과제에 관한 연구. 홀리스틱융합교육연구. 25(3). 113-133.

김현수(2020). 코로나로 아이들이 잃은 것들(우리가 놓치고 있는 아이들 마음 보고서). 서울: 알피스페이스.

김현진, 이선호, 이선영, 김진희, 양희준, 조윤정(2021). 뉴노멀 시대의 민주시민교육 실행 방안 연구. 한국교육개발원 연구보고 RR 2021-07.

박명규(2021). 코로나·디지털 시대 유네스코의 지적·도덕적 연대의 의미. 2021년 제6호 유네스코 이슈 브리프.

박미희(2020). 코로나 19 시대의 교육격차 실태와 교육의 과제. 교육사회학연구 30. 113-145.

박영숙 & J. Glen(2021). 세계미래보고서 2021. 서울: 비즈니스북.

배상훈(2020). 코로나19 전후, 학생의 사회정서적 경험과 학습패턴의 변화. 교육과 미래 연구소. 성균관대학교.

변진경(2021). 학생들의 잃어버린 1년 회복의 시간이 온다. 시사IN 4월 7일. 707호.
https://www.sisain.co.kr/news/articleView.html?idx-no=44231

사교육걱정없는세상(2021). 전국 중·고교 2020년 학업성취도 분석을 통한 코
    로나 학력격차 실태 기자회견.(2021.4.26.)
    https://noworry.kr/policyarchive/?q=YToyOntzOjEyOiJrZX-
    l3b3JkX3R5cGUiO3M6MzoiYWxsljtzOjQ6InBhZ2UiO2k6N-
    jt9&bmode=view&idx=6489035&t=board

설규주(2021). 코로나 시대의 민주시민교육과 세계시민교육이 갖는 함의. 열
    린교육연구. 29(4). 25-44.

성열관 외 13인(2021). 포스트 코로나 시대의 교육, 서울: 살림터.

송영범(2020). 포스트코로나 시대, 학교가 디자인하는 미래교육/미래학교의
    선택과 집중에 관한 거의 모든 것. 서울: 맘에드림.

심성보(2021). 코로나시대, 마을교육공동체운동과 생태적 교육학. 서울: 살
    림터.

여성가족부. 2021. 코로나19 등 환경변화에 따른 청소년 삶의 현주소 분석 -
    「2020년 청소년종합실태조사」 결과 발표. 서울: 여성가족부.

유종민(2020). 뉴노멀형 신인류 보고서. 코로나 키즈가 온다. 서울: 타래.

이병천, 김태동, 조문돈, 전강수(2021). 다시 촛불이 묻는다. 포스트코로나
    시대의 사회경제개혁. 파주: 동녘.

이정연, 이용민, 이혜선, 박혜연, 권회림(2021). 코로나 19 이후 학교현장의
    학습결손 인식 및 해소방안. 정책연구 2021-03. 수원: 경기도교육연구원.

이혁규(2021). 팬데믹 시대의 시민과 시민교육. 오늘의 교육. 65권. 151-176.

이희경(2021). 이반 일리치 강의. 팬데믹 이후의 학교와 병원을 생각한다. 서울: 북튜브.

인디고서원 엮음(2020). 공부는 정의로 나아가는 문이다. 코로나 시대 새로운 교육을 위하여. 파주: 궁리.

인디고서원 엮음(2020). 우리는 정의로운 세상을 만들 것이다. 청소년이 쓴 코로나19 교육보고서. 파주: 궁리.

임후남 외(2019). SDG 4-교육2030: 포용성과 교육에 관한 연구. 수탁연구 CR 2019-11. 유네스코한국위원회/한국교육개발원.

전민경(2020). 코로나19에 따른 아동청소년의 위기. 수원: 경기도여성가족재단.

정용주(2020). 재난은 평등하지 않다: '포스트'가 아닌 '지금' 코로나 시대의 교육. 서울: 교육공동체벗.

정우탁(2021). 세계시민교육과 SDG. 서울: 주류성.

정익중, 이수진, 강희주(2020). 코로나19로 인한 아동 일상 변화와 정서 상태. 한국아동복지학69(4), 59-90.

정재원 외(2021). 포스트 코로나 시대의 디지털 리터러시 함양 방안: 초등교육

중심으로. 연구보고 RR 2021-13. 한국교육개발원.

정진(2016). 회복적 생활교육 학급운영 가이드북. 남양주: 피스빌딩.

정호근(2021). 팬데믹 – '위험과 두려움의 아주 정상적인 혼돈'. 지식과 비평.
　　No. 7. 서울대학교 통일평화연구원.

조은정(2020). 포스트코로나 시대 공교육 살아남기. 서울: 리상.

조한슬, 김아리, 이인호(2017). KOICA의 MDGs 이행실적 및 시사점. 판
　　교: 한국국제협력단.

조한혜정(2020). 재난의 시대, 교육의 방향을 다시 묻다(지속가능한 삶을 위한
　　교육의 길을 찾다). 서울: 민들레.

주원(2014). 2015 글로벌 10대 트렌드. 서울: 현대경제연구원.

진동섭(2020). 코로나 시대의 공부법. 서울: 샘앤파커스.

초록우산어린이재단(2020). '나에게 2020년은?' – 아이들이 평가하는 2020
　　년 코로나 한 해.
　　https://www.childfund.or.kr/institute/newsView.do?b-
　　dId=20023680. 2021/7/9.

최윤경, 문무경(2020). 코로나19와 영유아 교육·보육·돌봄 전략. 한국보건사
　　회연구원. 코로나19 진행에 따른 경제·사회·산업 충격대응－사회정책적 대
　　응방안. 경제인문사회연구회 협동연구.

최윤경, 김근진, 정익중, 최영, 송신영(2021). 포스트코로나 시대 양육지원체계 재구조화 연구. 연구보고 2021-13. 육아정책연구소.

하지현(2021). 포스트코로나, 아이들 마음부터 챙깁니다. 파주: 창비.

한국리서치(2021). 코로나 시대, 학교의 역할 및 온라인 수업에 대한 인식 조사. 여론 속의 여 輿論論. 한국리서치 주간연구리포트 121-3.

한국청소년상담복지개발원(2020). 코로나19로 바뀐 일상 - 청소년, 보호자 체감도 조사 및 대응방안 -. 청소년상담 이슈페이퍼. 통권 제2호. 서울: 한국청소년상담복지개발원.

현병호(2020). 스스로 서서 서로를 살리는 교육, 서울: 민들레.

Albrecht, G.(2005). *The Sociology of health and Illness*, SAGE Sociology, 267-283.

Andreotti. V. (ed.)(2014). *The Political Economy of Global Citizenship Education.* New York: Routledge.

Beck, U.(2010). 글로벌 위험사회 (Weltrisikogesellschaft) (박미애·이진우 역). 서울: 길.

Ben-Porath, S.(2006). *Citizenship Under Fire: Democratic Education in Time of Conflict.* Princeton: Princeton University Press.

Boarini, R. & Exton, C.(2021). *COVID-19 AND WELL-BEING:*

LIFE IN THE PANDEMIC, Key Findings. Paris: OECD.

Bosio, E.(ed.)(2021). *Conversations on Global Citizenship Education*. New York: Routledge.

Bourdieu, P. & Passeron, J.(2000). 재생산. 이상호 역. 서울: 동문선.(원본은 1970년 출판)

Cabrera-Hernández, F. & Padilla-Romo, M.(2020). Hidden violence: How COVID-19 school closures reduced the reporting of child maltreatment. *Latin American Economic Review*, 29(4), 1-17.

Canadian Safe School Network. https://cssn.me/

Casas Jr, E., Manus, J., Pormon, M. & Lejano, R.(2021). Relationality and resilience: Environmental education in a time of pandemic and climate crisis. *The Journal of Environmental Education*, 52(5), 314-324.

CASEL.(2022). A Developmental Framework for the Integration of Social and Emotional Learning and Career and Workforce Development. https://casel.org/sel-workforce-brief-03-2022/

Clark, C.(2022). Ideology, Information, and Political Action Surrounding COVID-19. *Post-Pandemic Social Studies: How*

COVID-19 Has Changed the World and How We Teach. (ed.) Journell, W. New York: Teachers College Press. 81-93.

Credit Suisse Research Institute(2021). *Global Wealth Report 2021. Global Share of Wealth by wealth group,* https://www.wikiwand.com/en/International_inequality

Davies, L.(2014). 극단주의에 맞서는 평화교육(Educating Against Extremism). (강순원 역). 파주: 한울.

Darder, A.(2017). 사랑의 교육학: 파울로 프레이리를 재창조하다. 유성상 외 역. 서울: 살림터.

EI.(2020). EI Guidance to Reopening Schools and Education Institutions. https://inee.org/resources/ei-guidance-reopen-ing-schools-and-education-institutions

Education International(EI) & OECD.(2021). *Effective and Equitable Educational Recovery: 10 Principles.* Paris: OECD.

Elias, Zins, Weissberg, Frey, Greenberg, Haynes, Kessler, Schwab-Stone and Shriver.(2020). *M Promoting Social and Emotional Learning: Guidelines for Educators*, Virginia: Association for Supervision and Curriculum.

Fanon, F.(2010). 대지의 저주받은 사람들. 남경태 역. 서울: 그린비(원전은 2002년 판).

Forsythe, M. E. & Chan, Y.-W. 2021. Justice-centered edu-
cation amid the COVID-19 pandemic. *The Journal of Environ-
mental Education*, 52(5), 347-357.

프레이리(Freire, F.)(1970). Pedagogy of the Oppressed. New
York: Seabury.(페다고지, 성찬성 역, 서울: 한마당, 1995)

록산 게이(Gay, R).(2016). 노지양 역. 나쁜 페미니스트(Bad Feminist).
서울: 사이행성.

Giannini, S.(2021). Time to roll out education's recovery
package. UNESCO.
https://en.unesco.org/news/time-roll-out-educations-re-
covery-package

Hollings, S.(2020). COVID-19: The Changing Face of Global
Citizenship and the Rise of Pandemic Citizenship, *Knowl-
edge Cultures*. No. 3. 81-91.

Institute for Economics & Peace(2021). Global Peace Index
2021.
https://www.visionofhumanity.org/wp-content/up-
loads/2021/06/GPI-2021-web-1.pdf

Inter-agency Network for Education in Emergencies (INEE)

and The Alliance for Child Protection for Humanitarian Action (The Alliance)(2021). *Evidence Paper. NO EDUCATION, NO PROTECTION; What school closures under COVID-19 mean for children and young people in crisis-affected contexts.* New York: INEE & The Alliance.

Iyengar, R.(2020). Education as the path to a sustainable recovery from COVID-19. *PROSPECTS.* V.49, 77-80.

Kiuppis, F. & Hausstatter R. (ed.)(2014). Inclusive Education Twenty Years After Salamanca. New York: Peter Lang.

Knowles, M. S.(1980). *The modern practice of adult education: From pedagogy to andragogy.* Englewood Cliffs, NJ: Cambridge Adult Education.

Lagman(2021). Vaccine nationalism: a predicament in ending the COVID-19 pandemic. *Journal of Public Health*, Volume 43, Issue 2, June 2021, Pages 375-376.
https://doi.org/10.1093/pubmed/fdab088

Lynch, K. 외(2009). 정동적 평등: 누가 돌봄을 수행하는가. 강순원 역. 2016. 파주: 한울.

Mead, G. H.(1934). 정신 자아 사회 사회적 행동주의자가 문석하는 개인과 사회. 나은영 역. 2010. 파주: 한길사.

OECD(2020). *Education and COVID-19: Focusing on the long-term impact of school closures*. Paris: OECD.

Ramsari, A.(2020). The rise of the COVID-19 pandemic and the decline of global citizenship. *COVID-19* (ed) Ryan, M. London: Routledge.

Reardon, B.(2021). 포괄적 평화교육(Comprehensive Peace Education: Educating for Global Responsibility).(강순원 역). 서울: 살림터.(원전은 1988년 출판. 코로나 이후 서문을 합쳐 한국어판으로 증보함)

Rosanbalm, K.(2021). *Social and Emotional Learning During COVID-19 and Beyond: Why it matters and how to suport it*. Duke: Sanford School of Public Policy.

Sachs, H.(2020). ERG Theory, Maslow's Need Hierarchy, And How Alderfer's ERG Explanation Of Motivations Differs From Maslow's Hierarchy Of Needs. in Amazon Digital Services LLC - KDP Print US, 2020. www.chart.googleapis.com

생커, J.(2020). 코로나 이후의 세계. 박성현 역. 고양: 미디어숲.

스노든, F.(2020). 감염병과 사회: 페스트에서 코로나19까지. 이미경, 홍수연 (역). 파주: 문학사상.

Singh, N. & Duraiappah, A.(2020). *Rethinking Learning: A Review of Social and Emotional Learning for Education Systems*.

New Delhi: MGIEP.

Singh, N. & Duraiappah, A.(2021). *Building Kinder Brain*. New Delhi: MGIEP.

UN(2000). United Nations Millennium Declaration, Resolution adopted by the General Assembly. A/RES/55/2. https://www.un.org/en/development/desa/population/migration/generalassembly/docs/globalcompact/A_RES_55_2.pdf

UN(2006). UN Global Counter Terrorism Strategy. Resolution adopted by the General Assembly. A/RES/60/288. https://documents-dds-ny.un.org/doc/UNDOC/GEN/N05/504/88/PDF/N0550488.pdf?OpenElement

UN(2015). *The Millennium Development Goals Report 2015*, New York: UN.

UN(2015). Transforming our world: the 2030 Agenda for Sustainable Development. Resolution adopted by the General Assembly. A/RES/70/1. https://www.un.org/ga/search/view_doc.asp?symbol=A/RES/70/1&Lang=E

UNESCO(2020). *Nine ideas for public action—New publication from the International Commission on the Futures of Education*. Paris:

UNESCO.

https://en.unesco.org/news/education-post-covid-world-nine-ideas-public-action

UNESCO(2020-2022). Global monitoring on school closures;
Education: From disruption to recovery
https://en.unesco.org/covid19/educationresponse

UNESCO, World Bank, UNICEF(2021). *Mission: Recovering Education in 2021.*
https://www.unicef.org/reports/mission-recovering-education-2021

UNESCO Global Citizenship and Peace education section and MGIEP(2020). Nurturing the social and emotional wellbeing of children and young people during crises. UNESCO COVID-19 Education Response: Education Sector Issue Notes. *UNESCO Education Issue* Note N° 1. 2.
https://unesdoc.unesco.org/ark:/48223/pf0000373271

UNESCO Mahatma Gandi Center for Peace and Sustainable Development, MGCPSD
https://mgiep.unesco.org/

UNESCO, UNICEF, The World Bank and OECD(2021). *WHAT'S NEXT? Lessons on Education Recovery: Findings from a Survey of Ministries of Education amid the COVID-19 Pandemic.*

https://openknowledge.worldbank.org/handle/10986/36393

삶의 행복을 꿈꾸는 교육은 어디에서 오는가?

● **교육혁명을 앞당기는 배움책 이야기** 혁신교육의 철학과 잉걸진 미래를 만나다!

● **비고츠키 선집 시리즈** 발달과 협력의 교육학 어떻게 읽을 것인가?

 생각과 말
레프 세묘노비치 비고츠키 지음
배희철·김용호·D. 켈로그 옮김 | 690쪽 | 값 33,000원

 성장과 분화
L.S. 비고츠키 지음 | 비고츠키 연구회 옮김
308쪽 | 값 15,000원

 도구와 기호
비고츠키·루리야 지음 | 비고츠키 연구회 옮김
336쪽 | 값 16,000원

 연령과 위기
L.S. 비고츠키 지음 | 비고츠키 연구회 옮김
336쪽 | 값 17,000원

 어린이 자기행동숙달의 역사와 발달 I
L.S. 비고츠키 지음 | 비고츠키 연구회 옮김
564쪽 | 값 28,000원

 의식과 숙달
L.S 비고츠키 | 비고츠키 연구회 옮김
348쪽 | 값 17,000원

 어린이 자기행동숙달의 역사와 발달 II
L.S. 비고츠키 지음 | 비고츠키 연구회 옮김
552쪽 | 값 28,000원

 분열과 사랑
L.S. 비고츠키 지음 | 비고츠키 연구회 옮김
260쪽 | 값 16,000원

 어린이의 상상과 창조
L.S. 비고츠키 지음 | 비고츠키 연구회 옮김
280쪽 | 값 15,000원

 성애와 갈등
L.S. 비고츠키 지음 | 비고츠키 연구회 옮김
268쪽 | 값 17,000원

 비고츠키와 인지 발달의 비밀
A.R. 루리야 지음 | 배희철 옮김 | 280쪽 | 값 15,000원

 흥미와 개념
L.S. 비고츠키 지음 | 비고츠키 연구회 옮김
408쪽 | 값 21,000원

 정서학설 I
L.S. 비고츠키 지음 | 비고츠키 연구회 옮김
584쪽 | 값 35,000원

 관계의 교육학, 비고츠키
진보교육연구소 비고츠키교육학실천연구모임 지음
300쪽 | 값 15,000원

 수업과 수업 사이
비고츠키 연구회 지음 | 196쪽 | 값 12,000원

 비고츠키 생각과 말 쉽게 읽기
진보교육연구소 비고츠키교육학실천연구모임 지음
316쪽 | 값 15,000원

 비고츠키의 발달교육이란 무엇인가?
비고츠키교육학실천연구모임 지음 | 412쪽 | 값 21,000원

 교사와 부모를 위한 비고츠키 교육학
카르포프 지음 | 실천교사번역팀 옮김
308쪽 | 값 15,000원

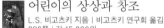 **비고츠키 철학으로 본 핀란드 교육과정**
배희철 지음 | 456쪽 | 값 23,000원

 혁신학교
성열관·이순철 지음 | 224쪽 | 값 12,000원

 대한민국 교사, 어떻게 가르칠 것인가?
윤성관 지음 | 320쪽 | 값 15,000원

 행복한 혁신학교 만들기
초등교육과정연구모임 지음 | 264쪽 | 값 13,000원

 아이들을 어떻게 가르칠 것인가
사토 마나부 지음 | 박찬영 옮김 | 232쪽 | 값 13,000원

서울형 혁신학교 이야기
이부영 지음 | 320쪽 | 값 15,000원

 모두를 위한 국제이해교육
한국국제이해교육학회 지음 | 364쪽 | 값 16,000원

혁신교육, 철학을 만나다
브렌트 데이비스·데니스 수마라 지음
현인철·서용선 옮김 | 304쪽 | 값 15,000원

 경쟁을 넘어 발달 교육으로
현광일 지음 | 288쪽 | 값 14,000원

 혁신교육 존 듀이에게 묻다
서용선 지음 | 292쪽 | 값 14,000원

 핀란드 교육의 기적
한넬레 니에미 외 엮음 | 장수명 외 옮김
456쪽 | 값 23,000원

 다시 읽는 조선 교육사
이만규 지음 | 750쪽 | 값 33,000원

 한국 교육의 현실과 전망
심성보 지음 | 724쪽 | 값 35,000원

 대한민국 교육혁명
교육혁명공동행동 연구위원회 지음
224쪽 | 값 12,000원

 독일의 학교교육
정기섭 지음 | 536쪽 | 값 29,000원

● **경쟁과 차별을 넘어 평등과 협력으로 미래를 열어가는 교육 대전환!** 혁신교육 현장 필독서

 교실 속으로 간 이해중심 교육과정
온정덕 외 지음 | 224쪽 | 값 13,000원

 **초등 백워드 교육과정
설계와 실천 이야기**
김병일 외 지음 | 352쪽 | 값 19,000원

 포스트 코로나 시대의 교육
성열관 외 지음 | 224쪽 | 값 15,000원

 **학습격차 해소를 위한 새로운 도전
보편적 학습설계 수업**
조윤정 외 지음 | 225쪽 | 값 15,000원

 내일 수업 어떻게 하지?
아이함께 지음 | 300쪽 | 값 15,000원
2015 세종도서 교양부문

 마을교육공동체란 무엇인가?
서용선 외 지음 | 360쪽 | 값 17,000원

 **학교의 미래,
전문적 학습 공동체로 열다**
새로운학교네트워크·오윤주 외 지음 | 276쪽 | 값 16,000원

 강화도의 기억을 걷다
최보길 지음 | 276쪽 | 값 14,000원

 **마을교육공동체
생태적 의미와 실천**
김용련 지음 | 256쪽 | 값 15,000원

 체육 교사, 수업을 말하다
전용진 지음 | 304쪽 | 값 15,000원

 학교폭력, 멈춰!
문재현 외 지음 | 348쪽 | 값 15,000원

 평화의 교육과정 섬김의 리더십
이준원·이형빈 지음 | 292쪽 | 값 16,000원

 학교를 살리는 회복적 생활교육
김민자·이순영·정선영 지음 | 256쪽 | 값 15,000원

 마을교육과정을 그리다
백윤애 외 지음 | 336쪽 | 값 16,000원

 삶의 시간을 잇는 문화예술교육
고영직 지음 | 292쪽 | 값 16,000원

 **혁신교육지구와 마을교육공동체는
어떻게 만들어지는가?**
김태정 지음 | 376쪽 | 값 18,000원

 **미래교육을 디자인하는
학교교육과정**
박승열 외 지음 | 348쪽 | 값 18,000원

 서울대 10개 만들기
김종영 지음 | 348쪽 | 값 18,000원

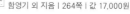

참된 삶과 교육에 관한
생각 줍기